32 tipos de Inteligência

Regina Moraes

32 tipos de Inteligência

Os caminhos da Árvore da Vida pelo inconsciente coletivo

Prefácio de
Gilda Maria Braga, Ph.D.

NOVA ERA

CIP-Brasil. Catalogação-na-fonte
Sindicato Nacional dos Editores de Livros, RJ.

M823t Moraes, Regina
32 tipos de Inteligência: os caminhos da Árvore da Vida pelo inconsciente coletivo / Regina Célia Pereira de Moraes. – Rio de Janeiro: Nova Era, 2006.

Anexos
ISBN 85-7701-068-6

1. Cabala. 2. Árvore da Vida. 3. Cabala e aspectos psicológicos. I. Título.

06-0978 CDD – 135.4
CDU – 133.5

As 32 cartas que acompanham este livro são um brinde para o leitor.
Não podem ser vendidas separadamente.

Projeto gráfico e diagramação das cartas: Valéria Teixeira

Rua Argentina 171 – Rio de Janeiro, RJ – 20921-380 – Tel.: 2585-2000

Impresso no Brasil

ISBN 85-7701-068-6

PEDIDOS PELO REEMBOLSO POSTAL
Caixa Postal 23.052
Rio de Janeiro, RJ – 20922-970

AOS DEUSES... "pois penso que a tarefa do século vindouro, perante a mais terrível ameaça já conhecida pela humanidade, vai ser a de reintegrar os deuses"[1]

[1]Maulraux, André. *Apud* Morin, Edgard, *Nomes de Deuses*, São Paulo: Editora UNESP, 2000.

Ah Tupã, meu Deus Amado,
Que me ensinou e me inspirou em cada rito,
Eu tive que aprender um novo mito
E aprender que meus Deuses não existem
Aprender a desaprender no que consistem,
E cada dia incorporar a nova crença.
E assim, hoje vivo tal sentença
Pois passei a rezar pr'um Deus Jesus,
Que um dia pregaram numa cruz!

Me ensinaram com chicotes que é pecado,
Dançar e rezar pro Deus Tupã
Me cobriram o corpo, pois o nu é indecente,
Curumim foi se esquecendo, maltrataram tanto a gente,
Tudo em nome de Jesus,
O que prenderam na cruz!

Mas um dia tudo passa ou,
começa novamente....
Vim de novo, de outras terras, em um povo diferente,
Com pele negra, valente,
Eu cantava e dançava, meus belos dentes luzentes.
Eu rezava pra Xangô, pra Oxum, e Iansã,
Não falava em Jesus,
O que prenderam na cruz!

Da mesma forma ensinaram,
Desta vez pela chibata, que era moda na fazenda,
As rezas da igreja de um Deus,
Que chamavam de Jesus,
Esse Deus preso na cruz!

Mas outros mitos existem,
Contou-me num dia de chuva
Sete Flechas Ventania,
Caboclo valente, da mata, filho também de Maria,
Revelando-me um segredo:
Todos os Deuses estão juntos,
Já comungam há milênios,
E o Deus enclausurado, preso a pregos numa cruz,
Foi pela força detido, para servir aos romanos,
Que queriam isolá-lo,
E matar os outros deuses,
Queriam-no em uma prisão,
Por isso o prenderam na cruz,
E o levavam em suas guerras, esses homens de capuz,
Na Terrível Inquisição,
E matavam e feriam, tudo em nome de Jesus!

Sete Flechas Ventania, o outro filho de Maria,
Convidou-me à conferência,
Vi Ogum, vi Xangô, Oxalá, vi Iansã, Jeová e Alá,
E estavam conversando com Tupã,
E em todos eu vi uma grande veemência
Finalmente vi Apolo, em sua carruagem de luz,

Que deu a fuga a um preso, na Merkabah que reluz,
E me disse Oxum menina, que o seu nome era Jesus!

Depois disso fui-me embora,
Dei adeus a Sete Flechas, o outro filho de Maria.
Vim mais leve, protegida por Jesus e Ventania.

Mas um dia vem e passa e vêm outros lentamente,
Vim de novo, de outras terras, em um povo diferente...

Trouxe Deuses muito antigos,
Novas crenças, novos mitos...
Mas garanto meus amigos...
Que só os mortais se repelem,
E que os deuses estão juntos, conhecimento abrangente,
Não na forma aparente, mas de uma forma sutil,
Complexa e inteligente, sábia, amorosa e gentil,
Perfazendo o Amado Eterno e a "O NOME" fazendo jus.
E trabalham todo dia, protegendo a nossa gente,
Preparando a Nova Terra, a Adamah reluzente,
Jerusalém, Terra-Luz!

Regina Moraes — 2003

Sumário

Sumário

Prefácio

A Árvore da Vida é um mapa espiritual-sensorial-intelectual-cognitivo para o entendimento do ser humano consigo mesmo e com a vida. Derivado da Cabala, transcende a religiosidade do Judaísmo e de qualquer outra religião para falar, de "forma científica", da relação humano-divino e abordar, em linguagem direta, o como fazer, o como lidar com as perplexidades da vida e seus meandros.

A autora é singularmente dotada para uma obra desta envergadura. Mestre e Doutora pela Universidade Federal do Rio de Janeiro (UFRJ), estudiosa de religiões e suas falas e ritos, conhece os rigores da linguagem acadêmica e as nuances do falar religioso. Transita entre mundos aparentemente díspares e faz curiosas pontes, traceja intrigantes caminhos que deixam o leitor às vezes perplexo, às vezes ensimesmado, mas sempre interessado em seguir adiante, em ler mais uma inteligência, em atravessar mais uma ponte, em trilhar mais uma rota.

Esta é uma obra para ser lida e digerida. Como um fio de Ariadne a guiar por labirintos desconhecidos, mas talvez intuídos, desdobra-se ora no intrigante, ora no dissonante, ora no concordante — mas sempre guiando para o próximo passo — e talvez seja este um de seus grandes méritos.

32 tipos de inteligência é um raro exemplo de que cada parte é um todo, e o todo é distinto da soma das partes, não apenas maior, sistemicamente falando, mas diferente — quão diferente, o leitor tem que descobrir por si mesmo, nos meandros da estrutura da obra, nos textos explicativos, nas idéias-chave e até mesmo nas meditações. É uma viagem que vale a pena empreender!

Gilda Maria Braga, Ph.D.
Pesquisadora titular, Ministério da Ciência e Tecnologia

Um Portal de Entrada para a Meditação

Palavras Iniciais

A Árvore da Vida é um sistema de compreensão do mundo e de si mesmo e tem sua origem na Cabala Judaica. Os antigos sábios e rabinos estudavam as 32 Inteligências ou Caminhos como parte de um sistema maior de conhecimento que permite a pessoa se superar e superar as pressões do mundo. Segundo esses mestres, o trabalho sobre estas Inteligências facilita a conquista de atributos, tais como maior flexibilidade, tolerância, receptividade, disponibilidade, responsabilidade, compromisso, autonomia, solidariedade e entendimento, não só intelectual, mas principalmente pela compreensão da fé.

Tentei ir além da religião ao interpretar cada ramo da Árvore da Vida e identificar o complexo sistema de desenvolvimento cognitivo aqui apresentado. O leitor pode valer-se deste conhecimento para entender melhor uma situação ou para estudar um problema. Para tanto pode abrir ao acaso uma das inteligências e relacionar o assunto com uma das competências necessárias à sua solução. Ou pode permitir-se compreender o assunto a partir de cada uma das inteligências, como se distanciasse para observar de diversos pontos o mesmo tema, observando-o a partir do ângulo de distintas competências.

O conhecimento aqui apresentado refere-se a um conjunto de competências sociais que estão confinadas no inconsciente coletivo e que segundo os estudiosos dessa Antiga Tradição podem ser incorporadas a partir de um trabalho de autoconhecimento e de autodesenvolvimento interpessoal.

A estrutura adotada no livro foi escolhida para facilitar a compreensão, e identifiquei uma idéia-chave para indexar as habilidades de cada uma das inteligências. Reservei para o fim as meditações das inteligências, que escrevi durante a pesquisa e o estudo deste conhecimento. Devo dizer que não foi um estudo apenas intelectual, pois aprendi ao longo do percurso que a gentileza, o respeito e a reverência fazem parte do caminho pesquisado.

No sistema de meditação da Árvore da Vida, os dez primeiros Caminhos são as Inteligências do Criativo, também chamadas de as Inteligências do Rei. Já os outros 22 Caminhos são as Inteligências Humanas, que deverão ser desenvolvidas em interação, são inteligências intersubjetivas. Juntas, as 32 Inteligências representam a semelhança de cada um com D'us.[2] Os sábios que sistematizaram as 32 Inteligências as estudavam não como um número técnico, mas como uma qualidade do Criativo, que é inteiro em cada uma de suas partes.

Os mestres desta Tradição dizem que por meio da aquisição da consciência, o humano vem desenvolvendo progres-

[2]Os estudiosos recomendam esta forma para grafar o nome sagrado do Altíssimo, para que não seja pronunciado em vão.

sivamente estes Caminhos ou Inteligências, que são as potências criadoras da vida. Cada homem e cada mulher tem este TODO em sua alma e o processo de ligação desses Caminhos representa o novo nascimento que o humano tem de fazer de si mesmo, para ser uma pessoa mais íntegra. A união das 32 Inteligências é o nascimento do segundo humano, aquele que surge das experiências do relacionamento com D'us, em sociedade.

Este livro apresenta estes 32 Caminhos de estudo da Árvore da Vida, as 32 Inteligências para um relacionamento consigo mesmo, com o outro e com a vida.

Na realidade estou falando de uma Sociedade da Inteligência, mas não me valho dos conceitos acadêmicos, antes, busco um sistema de metacognição, reflexivo, que pode fazer chegar aos humanos, seus destinatários, uma lógica proteínica, neurocerebral, que lhes permita uma nova atitude perante a vida.

As 32 Inteligências da Árvore da Vida funcionam como uma espiral do desenvolvimento, que parte da ação, e incorpora-se à consciência até chegar à sabedoria, para se expressar na linguagem.

A pesquisa levou-me a compreender que o desenvolvimento dessas Inteligências na formação de uma pessoa é um caminho para a existência de uma sociedade mais democrática, mais flexível, menos burocratizada, mais solidária, mais tolerante e mais humana.

Partindo de uma outra epistemologia, cujas raízes estão nas Antigas Tradições humanas, pode-se afirmar que uma pessoa que desenvolve estas capacidades ou inteligências conquista um diálogo intrapessoal progressivamente mais harmonioso, condição básica para o nascimento de relações interpessoais mais empáticas, que não reduzem, não anulam, nem endeusam o outro.

Para os que desconhecem a Árvore da Vida, os mestres gnósticos e os rabinos afirmavam que ela é um conceito de educação criado na mente para revelar o sentido e o significado da educação para atuar e conviver num mundo em transformação. Eles diziam que este conhecimento é uma chave para ultrapassar eventos desfavoráveis e até mesmo torná-los um fator de progresso. É um ensinamento para criar o conhecimento da resistência, tornando-nos menos vulneráveis ao novo, neutralizando o previsível.

Este livro apresenta tal conhecimento como uma capacidade que as pessoas desenvolvem para adquirir resistência interior, para fazer ultrapassar os efeitos desestruturantes da certas experiências de vida.

Não há uma resposta geral, no entanto, o aprendizado conjunto, com base na humanidade e no amor, podem nos conduzir à incorporação deste conhecimento, como algo que nos torna mais sábios, mais pacientes, mais verdadeiros.

Convido os leitores a estudar e conhecer em si mesmos as 32 Inteligências e adquirir na vivência conjunta uma resistência maior, conhecimento este que pode sim ser adquirido.

Nossa proposta é relatar o caminho de aquisição deste conhecimento por meio da vivência das Inteligências da Árvore da Vida. Cada Inteligência possui talentos diferentes e complementares e, em conjunto, podemos conseguir um resultado maior que a soma aritmética dos trabalhos individuais. Temos em nós mesmos estas competências, uma habilidade de envergar até o limite máximo sem quebrar, voltar com força e nos lançarmos dos abismos às estrelas.

Espero que, ao ler sobre estas Inteligências, cada pessoa aprenda progressivamente a lidar de forma construtiva com as dificuldades, adversidades e situações indutoras de estresse, tristeza e mágoa, revertendo a situação. Creio que este será o nosso desafio, como sociedade, para este milênio.

Uma História do Conhecimento

Naquele dia o centro da praça estava cheio, vinham pessoas de muitas cidades para ouvir o Rabi, que segundo disseram os seus discípulos iria viajar para cidades distantes. Quem nunca havia participado de uma de suas preleções estava curioso, e os seus discípulos comunicavam-se em silêncio, observando tudo, tentando enxergar a vida como se fosse uma primeira vez, como o Rabi lhes havia ensinado.

De repente, uma briga no meio da praça chamou a atenção de todos. Eram soldados que se aproximaram de um jovem e o espancaram porque estava roubando. O garoto era pouco mais que uma criança, igual a tantos que foram presos, porque roubavam ali na praça e que, como os outros, foi levado também para a prisão. O menino gritava que era inocente, mas de nada adiantou, porque não havia quem por ele intercedesse.

Quando o Rabi chegou, os discípulos contaram-lhe o que se sucedera e ele, observando a praça, viu que muitos outros jovens ainda ali seriam presos, sem que alguém pudesse fazer algo por eles.

Aos poucos todos silenciaram para que o diálogo começasse:

— O que é ser um cidadão? Quem pode dar a democracia, e a cidadania? Elas são aprendidas? Será que esta geração está sabendo lidar com a criação e com o que chama de desenvolvimento? Está sabendo dominar o seu desenvolvimento? Na verdade, eu lhes afirmo que é a coletividade em seu conjunto que deve sentir-se responsável pela educação de todos.

Adélia e Nantes conversavam neste momento e um deles perguntou ao Rabi:

— De que forma todos podem ser responsáveis por todos? De que forma deve-se mobilizar as pessoas no respeito à própria personalidade; no conhecimento das bases culturais que lhes permitam decifrar, na medida do possível, as mudanças em curso? Como ensiná-las a reconstituir os acontecimentos a partir de uma história de conjunto?

O Rabi Joshua respondeu, com uma pergunta, como era de seu hábito:

— O que é a Educação? A que comparais a Educação? O que significa ter conhecimento? Significa que cada cidade, com o seu conhecimento, deve exigir dos cidadãos que ensinem aos homens e mulheres a prática democrática, para que aprendam que não se deve transferir a outrem a responsabilidade de entender isto ou aquilo por ele. É no calor do debate que surge o cidadão e que se aprende um novo conhecimento. Não se deve optar por ficar de fora do processo.

Uma pessoa do povo perguntou:

— O que leva o indivíduo a conhecer? A entender? A perceber? O que o leva à aprendizagem?

Um dos discípulos respondeu:

— A comunidade ensina, a cidade ensina, o professor ensina, o monge ensina, o Rabi ensina, o vizinho ensina, o soldado ensina, o menino que foi preso ensina. Cada um do seu jeito e com o que sabe fazer, ensina. A escola é apenas um compartimento de uma grande casa que se chama Aprendizagem. Todos os locais são escolas, os campos de futebol, os templos dos pagãos, as prisões. A responsabilidade de ensinar é de todos, não porque lhes foi outorgado, mas porque é assim que se aprende o desejo de aprender, é uns com os outros, um ensina ao outro. E no meio deste processo em que surge o cidadão, progressivamente as prisões vão perdendo o sentido de existirem, porque a democracia, a escola, a educação, o educador, o respeito e o amor vão ganhando espaço.

O Rabi permaneceu longo tempo em silêncio e depois falou:

— A sabedoria do escriba se adquire em horas de lazer, aquele que está livre de afazeres torna-se sábio. Como se tornará sábio o que maneja o arado? (Eclesiástico 38:24) Aprendemos com o que sabemos, e ao fim, acabamos sabendo mais um pouco a cada dia, cada um com o que sabe forma um novo conhecimento. Mas o que fazemos com o que sabemos? O menino que roubou empregou o que sabe, o soldado que o torturou empregou o que sabe. Quem ensinou aos dois? Se acharem o responsável, detenham-no, imediatamente, pois o seu conhecimento é poderoso e ele pode jogar o mundo inteiro nos abismos.

— O que fazer, Rabi? Diga-nos. Temos que rezar?

O Rabi levantou-se e olhou a praça, o mercado, as pessoas indo e vindo, os pobres, os ricos, e, olhando os céus, desenhou com a mão um arco e disse:

— O que significa rezar? Por enquanto, rezar significa manter os pés no chão, observar tudo, dedicar-se a tudo com esmero, fazer sempre novas perguntas e buscar as respostas em conjunto. Depois poderemos rezar olhando os céus, por ora urge que conjecturemos o terrestre, com muito esforço encontraremos o que está à mão (Sabedoria 9:16).

Um dos discípulos perguntou:

— Rabi, quem rastreará o que está nos céus?

O Rabi deixou a cargo de todos buscarem as respostas e deu por encerrado o encontro, mas antes de retirar-se fez uma nova pergunta:

— Mas o que significa rastrear o que está na Terra?

E todos saíram pensando em onde buscar as respostas e onde e como procurar as novas perguntas que enriqueceriam as respostas e ampliariam o campo da solução.

Naquele dia o Rabi chorou, porque viu a nova sociedade, o arco-íris por sobre os homens e as mulheres, mas viu também a serpente e sabia que tinham pela frente um árduo caminho.

Tecendo o Novo Fio

Se precisas encontrar a solução
Que oculta se espraia ao teu redor,
Pede a Deus e pede aos deuses que te valham,
O caminho tu conheces já, de cor,
Soluções imediatas, todas falham.
É preciso renovar a paciência.
E ampliar neste momento a consciência.

Tuas vestes estão soltas pelo chão,
Sem amigos, sem amores, sem perdão,
Buscas perto aqui e ali e onde está?
Tu perguntas e até choras. Tudo em vão
Na estrada, no caminho, ao rés do chão,
Tu procuras por uma nova edição,
Da vida, que em algum ponto da história,
Reservou a ti, perdão e glória
E de Atenas, qual Orestes, redenção.

Onde estão as lideranças,
Que guiaram os profetas no caminho?
Que geraram o vento, o rodamoinho?

32 Tipos de Inteligência

Em qual pedra da estrada estão ocultas?
Em qual fruto, em qual peixe, em qual dobra da tu'alma,
Está a chave deste tempo?

Onde está a liderança criativa,
Que um dia te gerou e fez-te assim?
Está oculta em teu ventre, é tudo enfim.
Que histórias este tempo te reserva?
Vai ouvir, enxergar e entender
Que a vida é este eterno revirar da ampulheta, que
mistura os muitos grãos,
Em cada franja ou dobra do caminho,
Perfazendo muita vida em seu cadinho.

Perceber que o que antes tu não vias,
Não se perfaz aqui e ali de qualquer jeito,
É preciso estar atento, firme e forte
Recolher em tuas mãos o leme e o norte
Começar humildemente a cada dia.
E em cada dobra perceber a oculta mão que a tudo cria.

E na missão de refazer tuas pegadas
Conhecer e aprender é o desafio.
Observe então com novos olhos o roteiro,
Que te une a tudo e a todos, tempo inteiro,
Ouse tecer a nova trama com este fio.

Regina Moraes — 2003

Um Resumo das Inteligências

O Jogo das 32 Inteligências: um brinde com 32 cartas oferecido ao leitor!

Uma viagem pelo inconsciente coletivo através da Árvore da Vida

Embaralhe as cartas com a face escrita voltada para baixo e aleatoriamente retire do maço uma carta. Leia o resumo e o texto completo (localize no livro o capítulo referente à Inteligência escolhida). Você pode repetir o jogo outras vezes e observar a mesma questão a partir de outros ângulos, percebendo as novas habilidades que precisam ser incorporadas.

O texto a seguir é reproduzido também nas cartas que acompanham o livro:

1. INTELIGÊNCIA ADMIRÁVEL

IDÉIA-CHAVE: Visão de conjunto

Busque novas formas de interpretar as questões, sob um ponto de vista fora do contexto imediato. Enxergue diferente.

A chave reside na capacidade de alcançar, delicadamente, uma visão mais elevada da vida, como se você desse um passo além do escopo onde tudo acontece. Adquira a consciência do que precisa mudar em si mesmo.

2. INTELIGÊNCIA DA SEGUNDA GLÓRIA

IDÉIA-CHAVE: Amor

Também conhecida como Inteligência Social. Fale pouco, fale menos, não fale. Aprenda a viver cada momento com muita delicadeza, dando valor a tudo o que ouve e refletindo sobre cada palavra que é dita. Aprenda a lidar com situações de tensão. Pare com o diálogo improdutivo, com o falar por falar. Saiba que a conversa sem propósito ou a tagarelice não devem ter vez. Evite aborrecimentos.

3. INTELIGÊNCIA SANTIFICADORA

IDÉIA-CHAVE: Trabalho

Terá início uma nova história. A fé deve ser vivida a cada momento, em cada ação, como um profundo mergulho no espírito. A pessoa cresce em humanidade, com uma dimensão espiritual que precisa ser partilhada para que cresça por inteiro, progressivamente. Neste exercício você deve perceber que tudo é resultado de um processo e que a fé, como parte, é o elo de uma corrente.

4. INTELIGÊNCIA COESIVA

IDÉIA-CHAVE: Inconsútil

Um caminho de mudanças constantes e abrangentes envolvendo também outras pessoas. Aqui o Eu passa a ser o Nós e a pessoa aprende a ser o trabalhador da undécima hora, prodigalizado com bênçãos, valorizando tudo o que faz, porque sabe que todas as suas ações interferem na vida de outras pessoas.

5. INTELIGÊNCIA RADICAL

IDÉIA-CHAVE: Compromisso

Também conhecida como Inteligência dos Limites e Medos. Não se perca em discussões, em desentendimentos. Aprenda com o grupo. É um momento para progredir como pessoa. Há uma chance de exercitar a sua razão mais nobre, a lógica mais refinada, que propicia o surgimento de projetos criativos, de obras originais. Possibilidade do salto conjunto de idéias. Atividade de grupo.

6. INTELIGÊNCIA MEDIADORA

IDÉIA-CHAVE: Multiplicação

É fundamental a paciência, a conduta correta. O tempo é a própria essência de tudo, os acontecimentos preparam a fronteira para uma nova história. Este caminho pode ser associado ao compromisso de cada um com o que faz, e vale citar uma sabedoria árabe segundo a qual o maior dos erros é a pressa antes do tempo e a lentidão ante a oportunidade. Tudo que é feito neste Caminho tem seus influxos multiplicados.

7. INTELIGÊNCIA OCULTA

IDÉIA-CHAVE: Visão complementar

Os dons espirituais fazem de cada pessoa uma lâmpada, eternamente revelada, eternamente oculta, eternamente pronta. Uma outra chave é Vitória, o que simboliza a capacidade de conseguir vencer os desafios e alcançar os resultados planejados. De forma ainda oculta para o ser humano, presente, passado e futuro estão juntos, ligando-se mutuamente. A Inteligência Oculta simboliza a riqueza de dons do espírito, por este motivo ela é um caminho novo e representa o salto conjunto na vida.

8. INTELIGÊNCIA ABSOLUTA

IDÉIA-CHAVE: Visão parcial

É a Inteligência do todo, como se cada um de nós se expandisse para cima, para baixo, para a esquerda e para a direita. Ao mesmo tempo é a inteligência da diferença, da individualidade, da parte, onde cada limite é um complemento de nossa natureza. Mantenha sempre a individualidade, simbolizando a fronteira que jamais pode ser atravessada, sob pena de nos confundirmos com as outras pessoas, perdendo a noção das diferenças e deixando de crescer com elas.

9. INTELIGÊNCIA PURA

IDÉIA-CHAVE: Individualidade

Aprenda a lidar com as energias sexuais, que tanto conduzem para os prazeres carnais como representam a base de sustentação das energias espirituais. Juntos, cada um a seu turno, homem e mulher poderão desvendar este mistério.

10. INTELIGÊNCIA RESPLANDECENTE

IDÉIA-CHAVE: Aprendizado

Ao desenvolver esta Inteligência, o indivíduo é levado a conhecer, a interagir, a ver-se como parte de um organismo vivo e perceber os efeitos de suas ações em conjunto com as ações dos outros. A chave é aprender a liderar a si mesmo.

11. INTELIGÊNCIA DO FOGO

IDÉIA-CHAVE: Impulso

O mais difícil é aprender a seguir sem criar expectativas, mas trabalhando sempre, com uma fé inabalável em si mesmo e no Absoluto. Torne-se então mais feliz e mais leve, porque confia para além dos véus do que não se vê, mas se percebe pelos olhos da fé.

12. INTELIGÊNCIA DA LUZ

IDÉIA-CHAVE: Inspiração

Na verdade não há um caminho, o viajante sempre se depara com uma outra parte de seu ser que precisa incorporar para progredir nesta vida. A vida é *social* por natureza e é na relação com o outro que a sua face interna estará completa.

13. INTELIGÊNCIA INDUTIVA

IDÉIA-CHAVE: Não-ação

É preciso enxergar além das aparências, desvencilhando-se dos sentimentos de medo, raiva ou ansiedade que possam turvar a sua mente e as suas ações. É hora do planejamento, da organização, da percepção do conjunto. É necessário o repouso para perceber o movimento.

14. INTELIGÊNCIA ILUMINATIVA

IDÉIA-CHAVE: Meio-dia

Reforce o compromisso e a atenção com todos os afazeres, em casa, com a família, no trabalho, com os amigos e com o mundo. A cada dia conscientize-se do que precisa realizar para que as mudanças se iniciem. A vida sempre oferece muitas informações pelos caminhos. É preciso sensibilidade para não interpretar de forma incompleta ou errada os símbolos que se apresentam.

15. INTELIGÊNCIA CONSTITUTIVA

IDÉIA-CHAVE: Trabalho criativo

Veja as questões a partir de uma nova dimensão. Você possui uma capacidade de realização da qual, até este momento, não havia se dado conta. Para tanto, perceba tudo a partir de um prisma que mantém as diferenças, sem tornar os fatos antagônicos. Abra mão da antiga ordem de valores pessoais e dê lugar a uma nova forma de percepção das questões.

16. INTELIGÊNCIA ETERNA

IDÉIA-CHAVE: Linguagem

Entre em contato com o seu Eu mais profundo e avalie seus atos. Cada ação exige crítica e autocrítica que podem ser muito benéficas quando incorporadas à meditação. Tudo está conectado, perceba o seu papel e trabalhe em direção a uma organização mais saudável para todos.

17. INTELIGÊNCIA DISPOSITIVA

IDÉIA-CHAVE: Semeadura

Busque decidir com base em uma percepção de conjunto. Fique atento, há inúmeras possibilidades e você tem uma grande responsabilidade, pois com este fio você tece a sua sorte e os destinos de muitas pessoas.

18. INTELIGÊNCIA AVASSALADORA

IDÉIA-CHAVE: Consciência

Saiba trabalhar as limitações, raivas, medos e siga adiante, aprendendo a lidar concretamente com as questões. Desenvolva atitudes a partir de novos objetivos. Não se deixe envolver pelas pessoas ou situações. Seja racional e aprenda a seguir focado. Tudo passa.

19. INTELIGÊNCIA DO SEGREDO

IDÉIA-CHAVE: Roda do destino

Você é diferente de todos à sua volta e pode ensinar e também aprender, para que o campo de soluções de cada um seja mais abrangente. Busque aplicar na prática o que está aprendendo. Você está sob a proteção dos anjos guardiães da justiça.

20. INTELIGÊNCIA DA VONTADE

IDÉIA-CHAVE: Subjetividade

Se você não realizou algo hoje, não faz mal, adiante estará em melhores condições. Se hoje houve incompreensão, amanhã saberá expressar-se melhor e compreenderá as questões. O importante é o aprendizado.

21. INTELIGÊNCIA DO BUSCADOR

IDÉIA-CHAVE: Começo

A luta entre opostos revela que você se depara com um espectro de sentimentos e características dentro e fora de si mesmo, com os quais terá de aprender a lidar, uma luta ferrenha e terrível em direção ao aspecto humano. Daí emergirá confiança e integridade. A parte humana mais sutil ainda está por se desenvolver, num exercício de autoconhecimento relacional.

22. INTELIGÊNCIA FIEL

IDÉIA-CHAVE: Percepção

Você precisa implementar mudanças. As relações aprofundaram-se e você passa por processos internos desconhecidos, que não percebe neste momento. Você terá os recursos necessários e a força interior para enfrentar as dificuldades.

23. INTELIGÊNCIA ESTÁVEL

IDÉIA-CHAVE: Confiança

É hora de renovar a paciência e aprender a esperar para emergir deste momento trazendo as soluções. Não lamente o passado perdido, é o momento de antever os desígnios na própria vida e compreender a importância do momento, da submissão, da dedicação, do investimento, das transformações e dos cortes.

24. INTELIGÊNCIA IMAGINATIVA

IDÉIA-CHAVE: Alquimia

Há um ciclo que está terminando. Posturas antigas devem ceder lugar a novas. Circunstâncias ocorrerão e nada será igual a antes. É a experiência do término, da conclusão, da perda. É fundamental aprender a abrir mão de valores, de crenças, a bagagem já não corresponde mais ao que é necessário. A única saída é aprender e aprender. Um novo ciclo terá início.

25. INTELIGÊNCIA DA TENTAÇÃO

IDÉIA-CHAVE: Autonomia

Enxergue a situação de um ponto fora do contexto. Não será algo fácil e, na maioria das vezes, quando conseguimos um certo distanciamento é porque nos sentimos superiores. Não é deste distanciamento que aqui se fala, mas sim de uma capacidade de autonomia e independência que ajuda a usar os obstáculos como estratégias de ação.

26. INTELIGÊNCIA RENOVADORA

IDÉIA-CHAVE: Oportunidade

Não perca a sensibilidade e aceite melhor as pessoas como elas são. A ausência de palavras carinhosas e de reconhecimento não deve lhe incomodar. A vida lhe enaltece todo dia com o seu espetáculo de renascimento da noite para o dia. Amigos e amores chegarão também e você não deve ficar se lamentando, nem repetindo e repassando o seu sofrimento.

27. INTELIGÊNCIA DO MOVIMENTO

IDÉIA-CHAVE: Luz

Você possui uma luz que o fará despontar e que o acompanhará em todos os momentos de sua vida. Perceba esta luz na sua carne e em seu espírito e abrace a sua missão. A Inteligência do Movimento é aquela que revela o quanto a aprendizagem é conjunta. Pelo acúmulo das ações generosas e amorosas poderemos fazer surgir uma sociedade mais humana.

28. INTELIGÊNCIA NATURAL

IDÉIA-CHAVE: Estrela guia

Siga adiante como se nada tivesse acontecido, cuidando de seus afazeres, de sua alimentação, de seu corpo, de suas emoções. Trabalhe, divirta-se. A luz está surgindo em sua consciência e você encontrará as respostas, as soluções criativas e construtivas. A luz existe dentro de você para iluminar o seu caminho, distribuindo-se também a todos os que estão em seu redor.

29. INTELIGÊNCIA CORPORAL

IDÉIA-CHAVE: Idéias

A partir das experiências vividas, a pessoa desenvolve seu ser, e progressivamente fortalece o seu espírito. Organize as idéias, arrume as gavetas, os armários, livre-se do supérfluo, leia mais, ande mais a pé, ajude ao próximo e siga adiante. Mantenha os pensamentos fixos no presente. O conflito vai passar e os amigos chegarão.

30. INTELIGÊNCIA COLETIVA

IDÉIA-CHAVE: Entendimento

Época de mudança. Surge um novo nível de entendimento. Você adquiriu uma nova mentalidade que vai influenciar a vida das pessoas que lhe são intimamente ligadas. A mudança é ampla em profundidade e em extensão e a Inteligência é Coletiva. A transformação se opera em escala, a nova consciência germina.

31. INTELIGÊNCIA PERPÉTUA

IDÉIA-CHAVE: Renascimento

Também conhecida como Inteligência da Responsabilidade. Você deve encontrar a cadência correta para realizar as ações e descobrir que existe uma seqüência de acontecimentos necessários à conclusão de uma história. Desvende qual é a sua parte nesse todo. Não descuide de nada. Os eventos preparam a chegada do novo tempo.

32. INTELIGÊNCIA ADJUVANTE

IDÉIA-CHAVE: Recomeço

É findo um ciclo de vida e você recomeça com novas energias para completar mais uma etapa de sua missão. Aqui, a Inteligência impulsiona para o novo, para refazer caminhos, para as novas descobertas, para as soluções que inovam em seus contextos. É um Caminho de talentos, dons e capacidades da espécie humana. Simboliza o salto às estrelas, a inovação que traz a mudança e a seiva vital que circula por todos.

As Inteligências do Rei Revelando-se nos Dez Primeiros Caminhos

O Fio de Ariadne

O caminho meu amigo, não se espante,
É uma obra de Ariadne, em tênue fio
Toda vida, todo tudo neste mundo
Está coeso, num mistério tão profundo,
Que entender este desenho é um desafio.

Quem tece o fio de Ariadne que se esconde,
E serpenteia para além de nem sei onde?
Aprende agora que o que fazes ou não fazes,
é uma engrenagem,
Que arrasta a consciência em torvelinho
E cria a tudo num roteiro mais profundo
Que a tudo une, em aparente desalinho.

Transmutar a engrenagem com ciência?
É perceber que entre o caos e a coerência,
A vida cria teus caminhos deste fio.
Então vale a pena caminhar com mais cuidado,
Ao conceber um novo filme da história.
E que os anjos te concedam tal vitória!
E um dia...

Frente a frente a Grande Luz,
Guardadora dos portais do paraíso,
Certamente vais contar a tua história,
Incorporar aprendido e ensinado
E retornar, desfazendo da memória,
Retrocedendo os dez graus já declinados.

Regina Moraes — 2003

1. Inteligência Admirável

A inteligência é a luz que concede
o poder da compreensão...

DESCRIÇÃO: A Inteligência Admirável é a estrela guia no caminho de cada um.

MENSAGEM: Há no corpo uma Inteligência que possibilita a compreensão dos problemas e permite ampliar o campo de soluções, propiciando a cada um encontrar a melhor alternativa para o assunto. Neste momento, ao tocar esta força, é como se começássemos a percorrer um novo Caminho sobre o já trilhado, uma porta se abrisse e nos permitisse a oportunidade de refazer o percurso. Nada se faz repentinamente; é de forma progressiva que a pessoa aprende a se tornar um novo ser. Há uma força dentro de cada um que pode ser despertada e que possibilita, quando alerta, encontrar soluções mais inteligentes e abrangentes. Esta experiência pode ser sentida, se houver a máxima confiança no

Criativo, na presença da fé, que permite mudar a si mesmo, diante do que não se vê, não porque não exista, mas porque é oculto.

INTELIGÊNCIA DO CAMINHO: Admirável, porque inspira para uma solução mais abrangente.

MEDITAÇÃO DO CAMINHO: Inspira-me com Tua presença, para que eu possa entender os fatos e definir soluções mais inteligentes para o momento, não somente porque são as melhores para hoje, mas porque são boas hoje, amanhã e depois. Ajuda-me a perscrutar o passado com delicadeza, trazer à tona o que precisa ser revelado, para viver o presente com firmeza e sabedoria e preparar o futuro tendo como base da minha inspiração o Teu amor, que concede o poder da compreensão.

IDÉIA-CHAVE: Visão de conjunto

TEXTO EXPLICATIVO: A mais alta função da mente humana se aprimora com o uso da razão, quando se busca, a partir de uma consciência ampliada dos fatos, transcender os limites da situação, encontrando o fio da meada e adquirindo uma percepção conjunta das questões. A experiência ajuda a traçar correlações entre tudo, dispondo o entendimento do caso e ajudando a definir alternativas de solução que resolvam os entraves da situação.

A experiência neste Caminho assemelha-se à metáfora contida no mito de Pandora, que reteve em sua caixa a esperança, quando todos os males foram lançados sobre a humanidade. A Inteligência Admirável não trata deste tipo de esperança e expectativas, que ficam restritas a uma caixinha, dando a noção do quanto estamos presos ao nosso conhecimento limitado. A Inteligência Admirável não cabe na nossa caixa de Pandora; exige mais, vai além, expande a mente para uma visão mais abrangente, em que a esperança é algo maior, mais profundo, que exige uma inteira confiança no Criativo, que tece o destino como uma obra completa, onde passado, presente e futuro estão ali, em perfeita inteiração.

Há uma sutil diferença entre a esperança que nasce da expectativa em um resultado imediato e a esperança que nasce da confiança no Criativo. Ambas exigem ação de nossa parte, mas a diferença está em que a primeira leva a Caminhos de expectativas sobre expectativas e a segunda leva ao trabalho produtivo. Há um ensinamento que diz: *De manhã semeia a tua semente e à tarde não repouses a mão, porque não sabes qual delas haverá de prosperar: se esta ou aquela ou se ambas conjuntamente serão boas.* É provável que este ensinamento esteja ligado à Inteligência Admirável.

O momento é ideal para buscar novas formas de interpretar as questões. Podemos reunir as condições que antes não tínhamos? Podemos aprender a enxergar diferente? A chave no entanto reside na capacidade de interpretar uma situação sob um ponto de vista fora do contexto imediato, como se a pessoa desse um passo para além do escopo onde tudo acontece, e alcançasse, delicadamente, a coroa mais elevada na Árvore da Vida.

Existem muitas alternativas de solução a cada minuto e cada uma leva a um destino diferente, por este motivo temos milhares de miríades de destinos à nossa escolha e muitos não serão vividos, pois correspondem a sociedades que não nascerão: mitos que vivem nas sombras e histórias que jamais serão contadas, nem farão parte de nenhuma antologia. A não ser que se possa voltar ao passado ou que a pessoa possa nascer de novo e fazer diferente da próxima vez, ou ainda que a vida abra uma porta que possibilite fazer um caminho novo sobre o caminho já percorrido, retrocedendo os dez graus já declinados.

Para entender as questões e encontrar a solução, é preciso silêncio para discernir e relacionar os fatos e compreender a intrincada trama de eventos que estão interligados. É preciso diálogo para entender e aprender a lidar com as questões materiais, enfim, aprender progressivamente a entender as reações dos outros e reconhecer seus próprios mecanismos internos que conduzem ao mesmo modo de agir em relação a tudo. É na interação com o outro, através da luta que trava na vida, que poderá entender o seu papel e poderá ter consciência do que precisa mudar em si mesmo.

Antes de desenvolver a mente lógica, o ser humano já interagia com a natureza e com os outros seres, o que confirma que a interação é anterior à consciência. A vida é um processo intersubjetivo e, mergulhados nela, homens e mulheres passam a aprender sobre si mesmos e podem crescer em humanidade. Reconhecendo e respeitando o outro, passam a lidar com a diferença, aplainando elevações e preenchendo os vazios que possuem. A Inteligência Admirável associa-se a dois conceitos, que ajudam a entendê-lo: o mito de Sísifo e a serendipitidade.

A verdade é que, na maioria das vezes, em vez de nos centrarmos no objetivo, ficamos focados nos resultados, que são intermediários e operantes somente no conjunto do processo. Busca-se a solução, mas as respostas que encontramos não vão além do ponto de vista que temos sobre o assunto. Ficamos presos ao mito de Sísifo, tendo que retornar indefinidamente ao alto da montanha, empurrar a pedra e novamente descer, levar a pedra para cima e empurrá-la novamente e novamente subir, num esforço repetido, num trabalho inútil e sem rendimento. Este sentimento de trabalho inútil está ligado à ânsia por resultados, que leva sempre à perda da visão do objetivo pelo qual estamos trabalhando. É fonte de sofrimento e desvia do caminho principal.

Serendipitidade, por sua vez, é um conceito semelhante à sincronicidade dos eventos. É o acontecimento incomum, a coincidência, o resultado inesperado. As pessoas devem estar atentas para perceberem, pela observação e sensibilidade, a ligação entre eventos que aparentemente não se relacionam e descobrir o novo, o inédito, o que está além dos limites do problema, o improvável, que em geral é a melhor solução. É como se estendêssemos o olhar sobre a vida e, repentinamente, tudo passasse a fazer sentido e pudéssemos enxergar o que *sempre tem estado Oculto, quando terá sido óbvio.*[3]

---

[3]*Um Índio* — Caetano Veloso.

Os Deuses tinham condenado Sísifo a empurrar sem descanso um rochedo até ao cume de uma montanha, de onde a pedra caía de novo, em conseqüência do seu peso.

Como vencer este círculo vicioso do mito de Sísifo e não ficar preso a resultados? Como aprender a seguir em frente, como se nada tivesse acontecido? Como aprender a interpretar os eventos com um conhecimento que não se tem ainda? Como enxergar e traduzir os tênues fios que ligam os eventos? Quem ajudará nesta missão? Como despertar e usar o espírito da curiosidade pela busca?

A Inteligência Admirável funciona como uma escada, através da qual, em silêncio, a pessoa sobe, toca as bordas de um conhecimento maior não-incorporado e desce para entender o mistério das relações e do nascimento. Na interação com estas grandezas, pode-se descobrir a solução oculta em meio à multidão e resgatar a história, aprender e ensinar com delicadeza, e, progressivamente, tornar-se uma nova pessoa.

Este é o Caminho que remete à criação do universo, à explosão que faz nascer uma nova matéria, que torna cada indivíduo um ser maior do que ele é e traz a compreensão da sociedade como um todo ubíquo, uma teia inconsútil, que une, pela sua potência, indivíduo, grupos e sociedades inteiras.

A Inteligência Admirável, como todos os Caminhos, tem infinitas funções e não é utilizada em toda a sua plenitude e potência, pois simboliza a perfeição, sempre inatingível, mas que deve ser permanente e progressivamente buscada, para que as pessoas cresçam em humanidade. Por este motivo, ela é associada à responsabilidade de cada um em ampliar as formas de enxergar as questões, o que só se alcança, por acréscimo, na interação com os outros, ampliando o rendimento e o esforço. Por isso, o mito de Sísifo é tão apropriado a entender a Inteligência Admirável.

Para compreender este Caminho, a pessoa deve reconhecer que nada é isolado e que se quiser alcançar algum propósito, deve perceber que o resultado é parte do esforço de percorrer o Caminho. A questão é que quando se faz alguma coisa pensando apenas no resultado, empurra-se a pedra do alto da montanha e se leva novamente para cima indefinidamente, empurrando-a centenas e milhares de vezes para baixo, num trabalho inútil. O segredo consiste em compreender as forças que atuam no Caminho, alcançando novas dimensões da situação e estabelecendo uma nova relação com a vida. Na verdade, o resultado isolado é apenas um instrumento a ser usado, ele não é o Caminho.

Diziam os antigos mestres que nenhum humano suportaria viver em toda a plenitude a experiência do Caminho Oculto, do Eu Sou. Mas ele possui uma dimensão que pode ser tocada pelos humanos, como se homens e mulheres pudessem ir além de todas as raças, de todas as religiões, de todas as crenças e gêneros e pudessem ser cidadãos de todas as culturas. É dessa experiência de plenitude que o ser humano alcança as novas dimensões da situação e pode estabelecer uma nova relação com a vida, encontrar soluções para os problemas de sua época. No entanto, se ele se prende apenas ao resultado imediato que quer alcançar, torna-se desatencioso com as soluções e resultados mais abrangentes, e o mito de Sísifo se instala em sua vida.

Saber o que se quer, traçar os objetivos e as metas e, em vez de fixar-se no sucesso do resultado e nas pessoas, descobrir o melhor caminho e como fazer para chegar ao objetivo que se traçou. Com esta postura, as questões passam a ser melhor compreendidas, integrando caminho, processo, pessoas e resultado e afastando o mito de Sísifo, no esforço intersubjetivo da Inteligência Admirável, que se perfaz entre homens e mulheres.

E finalmente algo muito misterioso da Inteligência Admirável: ela produz o milagre de se percorrer um novo Caminho sobre o já trilhado, como se uma porta se abrisse e você retornasse ao ponto em que tudo aconteceu, tendo a oportunidade de refazer o Caminho da Cura. Talvez por este motivo seu outro nome seja Amém; é como se o relógio de Acaz retornasse os dez degraus já declinados no tempo e você tivesse a chance de realizar uma determinada tarefa, que só você pode fazer.

2. Inteligência da Segunda Glória

*A Inteligência se exalta como diversidade
e se iguala à unidade.*

DESCRIÇÃO: A Segunda Glória adentra pela matéria e revela o Criativo diante de todos, no diverso, no outro. Por este motivo, cada um é para o outro a Segunda Glória manifestada, a presença do Criativo. Também conhecida como Inteligência Social.

MENSAGEM: A experiência aqui sublinha as distintas formas pelas quais o humano conhece a D'us, que se apresenta em seus aspectos diversos em todos os homens e mulheres, de todas as raças e credos. Aprender com o diverso é adquirir o complemento, para que os elementos entre si se harmonizem, como na harpa, em que as notas modificam a natureza do ritmo, conservando, todavia, cada uma o seu tom. É o que se pode representar olhando os fatos. (Sabedoria 19:18)

INTELIGÊNCIA DO CAMINHO: Segunda Glória, porque, através do próximo, complementa o seu ser.

MEDITAÇÃO DO CAMINHO: Aqui estou diante de Ti, agradeço a Tua bênção e Te peço que me ajudes e inspires a fazer de meu trabalho e de minhas relações uma verdadeira dádiva a Ti. Concede-me a capacidade de perceber que sempre à minha frente está a Tua presença, manifestada como Segunda Glória, e que posso sempre atuar melhor, porque Agora me vês com os Teus olhos.

IDÉIA-CHAVE: Amor

TEXTO EXPLICATIVO: Enquanto a Inteligência admirável eleva o ser humano ao universo, no exercício da transcendência, a Inteligência da Segunda Glória traz o universo até o ser humano, por isso ela é o Caminho imanente, do contexto e da situação na qual se fala. Através da Segunda Glória adquirimos identidade, histórias, conhecimento, enfim, aprendemos, existimos e encontramos D'us. A Inteligência da Segunda Glória é a profunda experiência do EU ESTOU!

> *Se a carne foi criada por causa do espírito, isto é uma maravilha, mas se o espírito foi criado por causa do corpo, isto é a maravilha das maravilhas. No entanto, maravilha-me como esta grande riqueza veio a estar nesta pobreza.*[4]

[4]Uma das sentenças de Jesus no Evangelho de Tomé.

A experiência deste Caminho leva a entender cada fato, cada pessoa, exige que não se passe de qualquer forma pelas situações e que é dentro do fato que se encontram as respostas, não para algo momentâneo, mas para a vida. Assemelha-se ao episódio no qual Hércules encontra as maçãs douradas nas mãos de um mendigo enquanto realizava, com muita dedicação e atenção, um de seus 12 trabalhos de aperfeiçoamento. Simboliza a capacidade que temos de ouvir, simboliza o silêncio, o saber usar os sentidos, significa uma consciência renovada da importância do corpo, da matéria.

Enquanto a Inteligência Admirável é, no mito da criação, a potência do criador em cada um, a Inteligência da Segunda Glória é o humano dentro de cada homem, dentro de cada mulher. Não há um conflito dialético, mas sim uma complementação, na qual só se pode compreender a dimensão divina por meio da função humana e só se pode compreender a dimensão humana por meio da experiência divina vivida.

A experiência do Criativo em si mesmo é uma experiência de complementaridade, humano e divino como caminhos que se completam; no entanto, não se pode deixar de marcar a presença dos véus que separam o sagrado do profano.

Uma outra versão do mito da criação[5] narra que as mulheres foram as primeiras avisadas dos dez mandamentos e Eva não ouviu quando D'us proibiu Adão de comer o fruto da árvore do paraíso, pois se tivesse escutado a recomen-

---

[5]Blumenfeld, Yaacov Israel. *Judaísmo: visão do universo*, Rio de Janeiro: Imago, 1989.

dação, não teria pecado nem teria permitido que Adão o fizesse. Ela o teria protegido do mal.

"O contrário de uma verdade é outra verdade tão profunda quanto a primeira."[6] Não há conflito entre os mitos, há troca e complementação.

Ouvir e falar são alguns dos verbos do processo de crescimento moral e espiritual de que trata este Caminho, através da interação, da comunicação e do silêncio necessário para ouvir e para o surgimento de novos saberes, denotando que não há limitação ao aprendizado, e sim espaço para aprender.

Os símbolos neste Caminho são o arco-íris e a serpente, que representam a dinâmica da personalidade do humano, a natureza espectral de virtudes e fraquezas. A serpente, o lado humano em crescimento, na luta, sempre em competição, e o arco-íris, o lado divino, com a fé, a confiança, a aliança, a parceria, a crença no outro, o compromisso, o amor, a harmonia.

Qual porém é o significado do Caminho Social? Social significa que este Caminho reúne uma dupla natureza, uma dupla lógica, que não se opõe uma a outra, mas que se complementam: o ser humano é ao mesmo tempo arco-íris e serpente. Humano e Deus simultaneamente; carne e espírito.

*Eu disse vós sois Deuses! (*Evangelho de João*)*

Aprender a lidar com situações de tensão, lidar consigo mesmo, conhecer as limitações, reconhecer no outro e em si

---

[6]Morin, Edgard e Jean Louis Le Magne. *A inteligência da complexidade*, /s.l./: Fundação Peirópolis, 2000.

as fraquezas e os talentos são parte do conhecimento que se adquire ao lidar com este Caminho. Mas, para aprender, temos que progressivamente parar com o diálogo improdutivo, o falar por falar.

O conhecimento neste Caminho propicia atuar a partir da compreensão do verdadeiro significado do silêncio, que é relacionar-se com atenção e alegria, numa conversa animada, buscando adquirir uma fala e um ouvido atentos e sensíveis e uma profunda percepção de si mesmo, do outro e das entrelinhas com que se lida.

Existimos materialmente, somos corpo, sangue, não somos só espírito. Um dos ensinamentos da Antiga Tradição é viver o silêncio em meio às atividades e isto não significa não falar, mas sim falar tomando consciência de cada palavra que se diz. Há um ensinamento muito antigo que diz: fale pouco, fale menos, não fale. Funciona como numa escala em que você vai aprendendo gradativa e progressivamente a viver cada momento com muita delicadeza, dando valor a tudo o que ouve e valorizando cada palavra que é dita. É o diálogo produtivo, no qual a conversa sem propósito ou a tagarelice não têm vez.

É verdade que não se adquire este conhecimento da noite para o dia e, seja como for, o conhecimento que acumulamos em um dia vai revelando-se em nossas ações, em nossas palavras, em nossos pensamentos, em nossa vida.

Às vezes ficamos enlouquecidos porque esquecemos que somos diferentes. Porque o amor não é uma competição para que cada um supere a força do outro, mas uma cooperação que necessita dessas diferenças.[7]

O segredo é não se deixar levar pelo momento, ao sabor das situações. Tome consciência *de si mesmo em interação* com a vida à volta. Confie, coopere, trabalhe, faça a sua parte, com delicadeza e firmeza, seja assertivo, participativo e tenha em mente o grande ensinamento do Criativo: siga em frente, como se nada tivesse acontecido!

[7]Bach, Richard. *Mensagens para sempre.* São Paulo, Vergara & Riba, 2000, p. 40.

3. Inteligência Santificadora

A Inteligência é a fonte que faz emanar a fé...

DESCRIÇÃO: Cada um pode dizer a um monte: "sai daqui e lança-te ao mar", e ele se lançará. Este é o poder da fé neste Caminho.

MENSAGEM: A experiência aqui é a fé como posse antecipada daquilo que se quer. O Caminho da fé é a experiência vivida de um ponto infinito da alma onde se pode todas as coisas e que, por este motivo, deve-se ter responsabilidade no que se faz. No entanto, precisa-se encontrar a ponte estreita e frágil que conduz ao milagre — o Caminho da Fé — num exercício diário, em presença dos acontecimentos que ocorrem na vida.

INTELIGÊNCIA DO CAMINHO: Santificadora, porque cada um em sua profissão e em seus afazeres é o santo, um instrumento do Criativo.

MEDITAÇÃO DO CAMINHO: Luz e Bênção Suprema, a Tua presença envolve toda a natureza e faz brotar a vida em todos os lugares. Tua inspiração sobre todas as pessoas e eventos é capaz de criar o milagre. Inspira-me com fé, empresta-me a Tua fé.

IDÉIA-CHAVE: Trabalho

TEXTO EXPLICATIVO: Ao entrarmos em contato com o Caminho da Fé, descobrimos, como num filme, as histórias do que se foi, do que se é e das representações do que se pode ser. Entrar em contato com este Caminho significa entendermos o mapa da jornada. Dizem que cada um tem guardado em si mesmo as informações da sua herança genética e espiritual, no sentido de potência a se realizar quanto a qualidades, talentos, virtudes, defeitos. Neste Caminho aprendemos a reconhecer que temos uma história que é parte de um processo de aprendizado ainda muito desconhecido de nós.

A fé, como posse antecipada daquilo que não se vê, é a chave do acesso ao Caminho da Fé, que funciona como um círculo mágico, pois ao mesmo tempo que é criada, ajuda a criar tudo. A nova harmonia nasce na experiência da interação do TODO com a parte.

Um dos símbolos aqui associados é a porta, cujo significado remete à problemática de que deve-se criar estratégias sem ficar preso às situações, nem às boas, tampouco àquelas que consideramos ruins. Deve-se avançar por meio das experiências pelas quais se passa e das fronteiras de entendimento que se cruza. Este é o Caminho da Criatividade, da criação do modelo, do *design*, do mapa. Para quem não tem objetivos pelos quais lutar, qualquer caminho serve. Não é o caso daquele que passa pelo Caminho da Fé.

É aqui que surge a compreensão das funções de cada ser, de cada coisa na vida. Os milagres estão associados a esta percepção, que anima a vida, pois traz a certeza de que tudo vai dar certo, de que se conseguirá realizar até mesmo as tarefas mais difíceis, porque de um ponto mais alto de si mesmo o indivíduo sabe que participa da criação dos eventos e é co-responsável pela criação da nova realidade. Aqui as possibilidades são inúmeras, simbolizando que existem muitas chances e que sempre podemos mudar a realidade com a nossa intervenção, pois a vida é colaborativa e sempre se pode fazer diferente a cada instante. As exigências deste Caminho são: definir as estratégias que devem ser implementadas para alcançar o que se quer, trabalhar confiante e a todo momento vivenciar a fé que remove os obstáculos e acalma o coração e a mente.

A experiência da fé é material em sua dimensão sagrada e um símbolo que ajuda a compreender o mistério é o contido em Atos de João, condenado pelo Papa Leão I e pelo Segundo Concílio de Nicéia, tendo sido proibida a sua reprodução e determinada sua destruição pelo fogo:

> *...não sou aquele que sou. Mas, se me ouvires, te transformarás no que sou e serei o que eu era, porque o possuirei em mim, como sou em mim mesmo. Tu estás longe desse estado. (...) O*

que é teu aprende de mim e compreende que não sou em verdade o que eu disse, mas aquilo que és capaz de conhecer pela participação na minha natureza.

A experiência da fé deve ser vivida a cada momento, em cada ação, como um profundo mergulho no espírito. A pessoa cresce em humanidade, com uma dimensão espiritual que precisa ser partilhada para que cresça por inteiro, progressivamente.

Neste exercício a pessoa deve perceber que tudo é resultado de um processo e que a sua parte é o elo de uma corrente que passa, deixa raízes e vai para além. Cabe a cada um colaborar na progressiva criação da matéria, com seu Manto Externo do Ocultamento, Mãe Fértil Brilhante, fonte de onde emana a fé, que é espiritual. O Caminho da Fé é a raiz da matéria, simbolizando a protoforma[8] de tudo, por este motivo deve ser vivido com muita sabedoria e delicadeza, para que não se perca a grandeza de toda a experiência.

A fé necessita de uma percepção atenta da grandeza da vida, nasce da delicadeza da relação da pessoa com o espírito e se fortalece todos os dias, nas ações, nas orações, nos pensamentos e tal qual a corça que corre livre pelos montes, precisa ser capturada todos os dias, porque a fé é uma experiência da liberdade de Deus. Não se pode presumir que as coisas vão acontecer, a fé não subsiste diante da presunção, porque ela é a alta confiança no Criativo, que se

[8]Proto — prefixo grego que significa "primeira"; protoforma = primeira forma.

relaciona com cada um todos os dias, incentivando o trabalho sobre si mesmo, o que faz crescer o amor, a confiança e a fé que preparam a posse antecipada de realidades que não são vistas.

4. Inteligência Coesiva

A Inteligência evidencia as virtudes e promove os poderes sagrados, uns dos outros.

DESCRIÇÃO: Neste Caminho, o ser humano aprende a ser receptivo à palavra sagrada e reconhece-se a serviço de um poder maior.

MENSAGEM: O Caminho da Inteligência Coesiva propicia abertura às mudanças e estimula a pessoa a promover e aceitar as transformações que certamente produzirão uma grande modificação na vida, se formos capazes de seguir em frente, com delicadeza, sem olhar para trás.

INTELIGÊNCIA DO CAMINHO: Coesiva, porque faz surgir o Espírito do Criativo entre os homens e as mulheres, tornando a vida íntegra.

MEDITAÇÃO DO CAMINHO: Luz que a tudo permeia, que eu seja receptivo a Ti, que sempre saiba ouvi-lo e que através de mim o Teu poder flua livremente, para que eu possa realizar tudo com muita sabedoria. Que eu Te reconheça sempre à minha frente, onde quer que eu esteja, porque só a Tua presença dá coesão a tudo, numa liga forte que não impede a nossa liberdade de ser, mas que dá a consciência da Tua unidade em nós e em tudo à nossa volta.

IDÉIA-CHAVE: Inconsútil

TEXTO EXPLICATIVO: O Caminho Coesivo é o que direciona para os novos aprendizados, para situações ou interações que abrem oportunidades de crescimento, e funciona atraindo a pessoa para certas experiências, como se fizesse parte de um roteiro, onde há um cenário, no qual os seres vão se encontrar e as histórias a serem vividas serão escritas de forma conjunta. Sendo assim, cada um deve prestar muita atenção na sua fala e na fala do outro, para perceber a trama que vai se desenrolar e agir por vezes como maestro, outras vezes como instrumento e outras ainda como parte da orquestra. Sem humildade e capacidade de percepção, será muito difícil perceber o papel que deve desempenhar e exercer a sua função no conjunto.

Este nível de interação exige uma atitude de permanente atenção com tudo o que se faz, uma atenção renovada em cada ação e o uso do livre-arbítrio com sabedoria, o que significa a necessidade de exercer papéis diferentes para aprender as lições que cada situação traz.

Neste Caminho exercita-se o poder com sabedoria, sabendo-se que tudo é passageiro e que somos tão-somente a fonte através da qual o Criativo pode fluir. O cetro como símbolo significa a natureza do ser humano, sua realeza e soberania em seu reino, pronto para legislar, ensinar, governar e aprender, a partir de uma compreensão maior do que seja o poder.

Quando se está neste Caminho sente-se que as mudanças estão se operando, são abrangentes e que outras pessoas estão envolvidas. Este Caminho traz a compreensão de que existem horas em que o desapego será fundamental, para que todos saiam fortalecidos da experiência. A Inteligência Coesiva nos ensina também que em alguns casos outros colherão o que plantamos, e nós adiante colheremos os frutos de árvores alheias, completando o ciclo.

Aqui se aprende que o poder está entre os homens e as mulheres, que ele não pertence a ninguém e no entanto pertence a todos, porque pertence ao Criativo, que está em todos os lugares. A experiência deste Caminho é a ação, o trabalho, a realização da obra. A Inteligência é Coesiva porque aqui surge o empreendedor, que une a equipe em torno dos ideais mais altos e imprime sinergia como marca de seu trabalho.

O Caminho Coesivo é o do aprender a cooperação, a complementação, onde o Eu passa a ser o Nós. No Caminho, a pessoa aprende a ser o trabalhador da undécima hora, prodigalizado com bênçãos, que agrega valor a tudo o que faz, porque sabe que tudo o que faz interfere na vida de outras pessoas.

De uma coisa sabemos: a terra não pertence ao homem; é o homem que pertence à terra, disso temos certeza. Todas as coisas estão interligadas, como o sangue que une uma família. Tudo está relacionado entre si. Tudo quanto agride a terra, agride os filhos da terra, não foi o homem quem teceu a trama da vida. Ele é meramente um fio da mesma. Tudo que ele fizer à terra, a si próprio fará.[9]

Ao entrar em contato com esta Inteligência, a pessoa apreende o sentido da Roda da Fortuna, porque a vida é uma teia viva, com tudo conectado , "e o que fizermos à vida, faremos a nós mesmos".

---

[9]Palavras do Cacique Seattle, em 1854, em carta ao Presidente dos Estados Unidos, que queria comprar as suas terras.

5. Inteligência Radical

A Inteligência emana das profundezas da vida social.

DESCRIÇÃO: O Criativo concedeu a cada um dos homens e mulheres um lobo e um cordeiro e cada um terá que reunir as informações para mantê-los indenes, de forma que o cordeiro não amanse o lobo e o lobo não devore o cordeiro.[10] Também conhecida como Inteligência dos Limites e Medos.

MENSAGEM: A experiência aqui fala de uma personalidade sóbria, séria, ponderada, e que não é afeita a relacionamentos superficiais, cujo amor não é piegas, mas é justo e precisa aplicar as normas com rigor.

INTELIGÊNCIA DO CAMINHO: Radical, porque transforma as experiências vividas em conhecimento.

---

[10]Gurdjieff, G.I. *Encontros com homens notáveis.* São Paulo: Pensamento, 1993, 8ª ed.

MEDITAÇÃO DO CAMINHO: Força Criativa da Vida, ajuda-me a incorporar com sabedoria e delicadeza a minha natureza avassaladora, os instintos primordiais, para que eu possa renascer como alma vivificada pela Tua presença e capaz de lidar com a minha natureza primordial.

IDÉIA-CHAVE: Compromisso

TEXTO EXPLICATIVO: O ser humano é uma totalidade de virtudes e defeitos e quando as pessoas ficam presas às limitações pessoais, quando perdem a chance de crescer com as diferenças, quando surgem incompreensões, quando a criatividade escoa para o ralo, quando a mágoa toma conta dos afetos, é sinal que se deve perceber a ação deste Caminho, que no entanto nos incita a ver a nós mesmos, na dimensão em que nos colocamos diante daquele grupo. Quando cada um revela sua parte mais avassaladora, é porque há um jogo de espelhos que deve ser reconhecido e interpretado, para que haja o exercício de uma nova conduta, em grupo. Muitas vezes, as pessoas se perdem em discussões, desentendimentos, sem perceberem as lições que devem aprender umas com as outras e desta maneira perdem a oportunidade de exercitar este Caminho, um Caminho de força, coragem, espírito de luta, combativo, mas que como todos os Caminhos requer consciência da sua dimensão.

Um dos símbolos do Caminho Radical é a espada, que reflete a nossa herança guerreira, nossa capacidade de empreender até os mais difíceis intentos. Aqui não há espaço para a dimensão amorosa e generosa, pois nos seus domínios, a espada e o açoite são os símbolos. O verbo aqui é EU OUSO, o que relaciona o Caminho à força, à capacidade de suportar críticas e de desenvolver um estômago forte para não somatizar os problemas.

A corrente é um símbolo desta liderança, que merece ponderação. Pelo seu caráter aprisionador, ela reflete os nossos medos e fraquezas ao nos deixar levar, acorrentados por pessoas e situações. Mas se soubermos nos conduzir em seus terrenos, se aprendermos a difícil arte de saber lidar com as emoções, conseguiremos encontrar as melhores táticas para atuarmos e também aprenderemos a acumular recursos internos que nos ajudam a fechar portões, sem olhar para trás, quando chega a hora de seguirmos adiante.

Este é o Caminho dos Limites e dos Medos e liga-se à rigorosidade, à força, à severidade, à legalidade. É o Caminho da Justiça. É também a oportunidade de exercitar a coragem, a calma, a paciência, a resolução que liberta dos sentimentalismos e das neuroses. Na interação, cada um também aprende a suportar os revezes e a usar o lado bom das dificuldades e dos obstáculos, transformando as experiências vividas em conhecimento. De qualquer forma, não há espaço para a fantasia, para o romantismo.

Pela sua capacidade de justiça também se relaciona à luta pelos excluídos, pelos desvalidos e se manifesta na interação entre pessoas que lutam pelos ideais de igualdade de direitos.

O Caminho dos Limites e dos Medos evoca uma renovação em nossa personalidade e, a partir do seu exercício, encontra-se a oportunidade para amadurecer e transmutar indelicadeza em coragem; indecisão em prudência; dissimulação em escrupulosidade; sentimentalismo em ternura; astúcia em prudência; grosseria em franqueza e assertividade; fanatismo em paixão no trabalho e na vida.

A Inteligência Radical governa o fígado e está intimamente ligada à vontade, mas quando o grupo não encontra a coesão necessária para desenvolver-se e realizar o trabalho de forma conjunta, a interação entre aquelas pessoas faz aparecer a tirania e o fanatismo, e cada um, em exílio, perde a chance de exercitar a sua razão mais alta, a lógica mais refinada, que poderia ter propiciado o surgimento de projetos criativos, de uma obra original. As pessoas perdem a oportunidade do salto conjunto de idéias e de conhecimentos.

O lado sombrio deste Caminho é um grupo desunido, sem identidade, sem comunicação; mas se houver o entendimento conjunto destes mecanismos, o grupo pode receber luz plena.

Na luta pelo poder, as pessoas entregues a si mesmas têm de se defender por conta própria, numa disputa que cria um ambiente fraco, onde a desconfiança, os desentendimentos e as agressões se instalam e a energia criativa acaba se perdendo.

A regra de ouro desta Inteligência é ouvir, perceber e solucionar as reclamações, desenvolver a cartada inteligente, eliminar o desperdício, praticar a transparência, valorizar o esforço, exercitar a flexibilidade, a atenção, a humildade, a solidariedade e experimentar, na interação, um novo método eficiente de estudo que ensina a cada um a fazer as coisas de forma diferente, colaborativa e criativa.

A Inteligência Radical remete às palavras do profeta Isaías (65:25):

> *Aquele que adquirir conhecimento será como o Monte Santo, onde o Criativo habita, lugar onde o lobo e o cordeiro pastarão juntos. Lá não haverá mal nem violência, pois o Monte Santo será a morada do Um.*

6. Inteligência Mediadora

A Inteligência multiplica os influxos...

DESCRIÇÃO: Nada do que se aprendeu se perde. Cada lição, por mais simples que seja, se multiplica e interfere em todas as esferas de sua própria vida e na de outras pessoas, mesmo que não se perceba imediatamente, tudo vai mudando e progressivamente nada será como antes.

MENSAGEM: Nascemos mergulhados em um caldo cultural, e todo este processo nos acolhe, nos ensina e nos forma, e aprendemos a ser homens e mulheres dentro deste cadinho. Através das gerações, a interação entre as pessoas reflete-se num processo que cria os eventos, que multiplica os influxos e desenvolve as cadeias que aprisionam o ser, mas que também se traduz na possibilidade do salto às estrelas, as portas para novas dimensões da cultura.

INTELIGÊNCIA DO CAMINHO: Mediadora, porque é instrumento para o crescimento do próximo e para o aprimoramento de si mesmo. Pode também funcionar ao inverso, evidenciando nas relações entre as pessoas o outro lado da meia-noite.

MEDITAÇÃO DO CAMINHO: Amada Luz em meu Caminho, ensina-me a aprender, para que eu possa mudar a minha vida e agir com mais sabedoria, multiplicando os influxos da Tua presença para o bem, para a luz, viabilizando com as Tuas bênçãos o meu desenvolvimento e o do outro, meu próximo. Que através de mim, a Tua presença se multiplique, que eu possa fazer a diferença sempre que agir, atuando como instrumento da Tua Luz, permitindo que as pessoas à minha volta possam, por sua vez, multiplicar-Te pelos Caminhos, fazendo voltar a Ti o poder que nos concedestes, repleto de bênçãos, por termos completado o trabalho que nos foi designado.

IDÉIA-CHAVE: Multiplicação

TEXTO EXPLICATIVO: A capacidade que o indivíduo tem de saber usar os seus talentos e superar os problemas que o confrontam liga-se ao Caminho Mediador, também chamado de Quintessência. É o Caminho do EU SEI.

A interação entre os seres humanos promoveu o desenvolvimento das inteligências, como potências a serem manifestadas na mente, por meio dos trabalhos de autoconhecimento. Nenhum Caminho é isolado do outro. Quando aprendemos a lidar com os medos ou quando superamos as limitações, ganhamos a possibilidade do encontro de soluções criativas e construtivas e, progressivamente, podemos aprender a melhor forma de interagir com as pessoas no grupo e a lidar com o Caminho Mediador.

O Caminho Mediador é o exercício do rigor e a experiência do amor, por este motivo a cruz de braços iguais é um dos símbolos deste Caminho, que integra dois lados tão diferentes. Já o cubo representa as distintas dimensões da sabedoria necessária para aprender a lidar com o amor e com o rigor, transmitindo e aprendendo a firmeza de caráter.

Cada indivíduo é soberano em seu reino e pode ser refletor de novas idéias e dar um salto na vida. Este salto é parte do Caminho Mediador, que na interação entre as pessoas faz surgir a cultura de uma nova sociedade.

Aqui associa-se o tempo, em relação aos eventos necessários à conclusão das coisas. É o tempo cronológico de Chronus, mas é também o tempo oportuno como síntese do conhecimento, da aptidão, da prontidão, da conclusão, da reunião do conjunto de variáveis e pessoas necessárias à conclusão de um evento.

Esta maturidade do tempo chama-se Kairós, pois quando todas as condições necessárias estão reunidas ao tempo, surgem os inventos, o talento, a criação, a idéia fulminante, por isso o raio é também um de seus símbolos. É fundamental a paciência, a conduta correta, mas é o tempo que é a própria essência de tudo, com os acontecimentos preparando a fronteira que dará início a uma nova história. Alguns mestres mais recentes associam este Caminho ao compromisso de cada um com o que faz e vale citar uma sabedoria árabe na qual o maior dos erros é a pressa antes do tempo e a lentidão diante da oportunidade.

Toda esta complexa organização representa o lado espiritual do ser social, as escadas para os abismos ou o salto para as estrelas. O Caminho Mediador tem como símbolo também o novo Adão, a nova Eva, no casamento de gêneros, transformando os padrões existentes, desenvolvendo a melhor parte de tudo. É como se fosse possível nascer de novo, com uma sabedoria mais apurada, mas que se precisa aprender, em meio ao amor e em meio ao rigor, em meio ao grupo e em meio à individualidade, a tudo considerando com o maior cuidado, para encontrar a medida certa, o número correto de cada situação. É sempre válido lembrar que tudo que é feito neste Caminho tem seus influxos multiplicados. A progressiva multiplicação dos influxos gera os saltos para os abismos ou para as estrelas e é por isto que se diz neste Caminho que nenhum exército pode resistir à força de uma idéia cujo tempo chegou.[11]

[11]Victor Hugo.

7. Inteligência Oculta

A Inteligência pode ser percebida pelos olhos do intelecto e pelas contemplações da fé...

DESCRIÇÃO: Pelos olhos do intelecto e pelas contemplações da fé podemos ver que está tudo aqui: o que foi, o que é e o que será, e que cabe a cada um de nós compreender este Todo, perceber que em nós há a Unidade de tudo e que devemos continuar a obra, fazendo a nossa parte.

MENSAGEM: O sétimo Caminho nos fala que a experiência do humano com o Criativo é por etapas, por degraus, através das gerações. Assim, progressivamente a obra vai sendo feita e o humano vai ganhando compreensão intelectual, pois nenhum homem ou mulher suportaria ou compreenderia esta visão por inteiro, face a face. Neste Caminho aprendemos que juntos devemos exercer as nossas responsabilidades, o que vai exigir de cada um que assuma o seu posto e de todos que vigiem as portas da cidade, cada um por seu turno, no tempo e no espaço concedidos.

INTELIGÊNCIA DO CAMINHO: Oculta, porque revela o Criativo morando com os homens e as mulheres, em seu exílio.

MEDITAÇÃO DO CAMINHO: Agradeço aos meus antepassados o meu nome, agradeço ao Amado a vida. Que eu seja capaz de incorporar as Inteligências de D'us e perceber pelos olhos do intelecto e pelas contemplações da fé o que devo fazer, pois em mim há a Unidade que a tudo permeia.

IDÉIA-CHAVE: Visão Complementar

TEXTO EXPLICATIVO: O Caminho Oculto é o Caminho dos antepassados, um Caminho grupal que remete à experiência magnífica da representação divina. É o Caminho do pensar em D'us.

Os sábios explicavam que através da imaginação de D'us, homens e mulheres por várias gerações O conheceram e socializaram o seu conhecimento, que continua sendo imaginado e vai, desta forma, aproximando-se mais e mais da representação original. Dion Fortune (1993) sublinha que sobre esta base natural se ergue uma imagem simbólica que lhe corresponde e que é animada e ativada pela força que representa, e que, embora a forma seja pura imaginação, a sua força é real e ativa.

O Caminho dos antepassados é o Caminho das criações humanas, que progressivamente, através das gerações, dá continuidade à obra da vida e revela o ser humano em seu poder Criativo, com sua mente e suas ações. Neste Caminho, os dons espirituais fazem de cada pessoa uma lâmpada, eternamente revelada, eternamente oculta, eternamente pronta. Este Caminho também é chamado de Caminho da Prática de D'us.

Um outro nome deste caminho é Vitória, o que simboliza a capacidade de conseguir vencer os desafios e alcançar os resultados planejados, pois, de forma ainda oculta para o ser humano, presente, passado e futuro estão ali, interligando-se mutuamente.

Aqui no sétimo Caminho a meditação é ativa, remetendo a uma luta com D'us, na qual somos convidados diariamente a uma compreensão que nos lança para além de nós mesmos, para entendermos a linguagem do corpo, da nossa herança genética. Aqui se percebe a importância da aliança do Eu inferior com o Eu Superior e de quanto esta união traz à tona a dimensão divina dos antepassados, que progressivamente dá continuidade à obra por meio de cada um dos descendentes.

Um outro símbolo é o sangue que remete à socialização das idéias, das informações, à seiva que nutre o grupo, conferindo-lhe autonomia nos contextos onde atua. Associa-se ao cerebelo, porque é lá a sede do controle do equilíbrio, significando com isto que o grupo em suas interações faz surgir a capacidade de criação, que está além da experiência individual de cada um.

Aqui a Inteligência é oculta porque, em vez de só vermos por espelho, adquirimos a visão complementar, enxergando movos ângulos do contexto, por acréscimo de valores.

A Inteligência Oculta é um ato de conhecimento do todo, pela apreensão de um conhecimento mais amplo.

A Inteligência Oculta simboliza a polifonia, o conjunto de sons. Simboliza a riqueza de dons do espírito, a natureza, o canto dos pássaros, a expressão do universo, por este motivo ela cria um caminho novo e representa o salto conjunto na vida, porque se associa ao primeiro Caminho da Inteligência Admirável, que nasce da experiência direta do humano com D'us.

8. Inteligência Absoluta

A Inteligência atua como um instrumento, não possui raízes e emana sua essência da vida social...

DESCRIÇÃO: O Criativo apresenta-se a nós a partir de nossos instintos avassaladores. É vivendo no mundo da matéria que descobrimos a nossa parte espiritual, que não disputa uma fração, é inteira.

MENSAGEM: Este é o Caminho que mostra que na matéria podemos viver um mundo mais humano, mais amoroso, porque há aqui a unidade divina. Homens e mulheres podem trazer à tona a sociedade em seu estágio superior, onde o indivíduo, pela organização, firmeza, capacidade de luta, coragem e administração criativa, tem o poder de multiplicar o pão e o peixe.

INTELIGÊNCIA DO CAMINHO: Absoluta, porque não se relaciona com nenhuma outra, apenas emana sua essência da Inteligência da Segunda Glória.

MEDITAÇÃO DO CAMINHO: Amado de meu coração, sua essência emana de mim mesmo. No mais profundo da minha alma primitiva lá estás, com Tua luz, Tua presença, Tua permanência. Há em mim um Caminho Perfeito que me leva à Tua presença e me traz de volta ao mundo material, com uma noção maior de humildade e completude. Que a Tua inteligência seja o meu instrumento de vida, para que eu possa existir com mais perfeição diante de Ti.

IDÉIA-CHAVE: Visão parcial

TEXTO EXPLICATIVO: Neste Caminho destaca-se o conhecimento, a função intelectual. Representa a necessidade de se perceber a distinção entre os sons, para distinguir a sua voz da voz do outro.

Enquanto no sétimo Caminho cada pessoa é portadora de uma experiência conjunta, que forma um manancial de visões, no oitavo Caminho surge o conhecimento individual, complementar, uma visão parcial de tudo.

Aqui se destaca o ser humano do grupo. A invenção, a criação, é fruto do coletivo, mas é expressa por uma pessoa. Einstein formulou a Teoria da Relatividade, mas ele debateu com alunos, professores, pesquisadores e com muitas outras pessoas. No entanto, coube a ele dar o salto na vida.

A Inteligência Absoluta cria um manancial de riquezas internas, potencial que pode ser jogado na lata de lixo, deixando a criatividade escorrer para o ralo, se a pessoa não reconhecer as grandezas destes movimentos: interno, oculto, coletivo e avassalador de um lado; e do outro, externo, pessoal e complexo.

Dependendo da possibilidade de interação, a Inteligência Absoluta propicia a cada pessoa ganhar novas características e sair enriquecida na participação com o outro, também contribuindo ao dinamizar outros grupos e assim sucessivamente; pois sua mente cresceu em lógica, exatidão, concisão de expressão, avaliação objetiva, intuição, criatividade, flexibilidade mental e rapidez de compreensão, características que foram desenvolvidas na intersubjetividade.

Dizia um grande mestre gnóstico: "Quem olha pra dentro vê o mundo, quem olha para fora vê a si mesmo." Por este motivo, um de seus símbolos é o nome, o que significa que cada um tem um papel social muito importante no grupo para o seu equilíbrio e, ao mesmo tempo, sublinha a individualidade, pois somos soberanos e devemos nos desenvolver para o nosso bem e para o bem social.

É a Inteligência do todo, como se cada um de nós se expandisse para cima, para baixo, para a esquerda e para a direita, mas ao mesmo tempo é a Inteligência da diferença, da individualidade, da parte, onde cada limite é um complemento de nossa natureza. O avental é o símbolo que remete à necessária postura que devemos assumir no grupo, mantendo sempre a individualidade, simbolizando a fronteira que jamais pode ser atravessada, sob pena de nos confundirmos com as outras pessoas, perdendo a noção das diferenças e deixando de crescer com elas.

9. Inteligência Pura

A Inteligência prova e corrige.

DESCRIÇÃO: Aqui o Amado criou os opostos, o masculino e o feminino e as energias sexuais, em benefício maior.

MENSAGEM: O Caminho do Novo Humano é a chance de desenvolver a cada dia as características masculinas da coragem, da capacidade de decisão, do caráter direto, da firmeza, da generosidade e as características femininas da prudência, da paciência, da sensibilidade, da suavidade, para seguir por seu Caminho, em busca de novas oportunidades de aprendizado.

INTELIGÊNCIA DO CAMINHO: Pura, porque corrige o desenho, permitindo percorrer o Caminho já trilhado, refazendo o que pode e precisa ser refeito.

MEDITAÇÃO DO CAMINHO: Luz de meu coração, ajuda-me, para que eu possa compreender que ser homem ou mulher são formas de se estar na vida e que o mais importante é que a minha alma seja inteira, masculina e feminina em sua dimensão espiritual. Proteja-me nesse Caminho, não me deixes tentar acima do que eu possa suportar, afasta o cetro do ímpio da minha vida. Guia-me pelos caminhos, ao encontro do destino que me reservaste, sustenta-me com a Tua destra.

IDÉIA-CHAVE: Individualidade

TEXTO EXPLICATIVO: Os perfumes são símbolos deste caminho e remetem à profusão de essências, cores e formas, através das quais o espírito se manifesta. Para entender a experiência do nono Caminho é preciso perceber as diversas nuances, os gêneros e entender que a unidade do Criativo atua através da diversidade de gênero e que há espiritualidade em todas as pessoas. No entanto, será preciso tirar as sandálias para lembrar-se de que é na matéria que deverá revelar-se a melhor parte de cada um e da vida. Há um antigo ensinamento que diz: tire as sandálias dos teus pés, porque a terra em que estás é terra santa.

Quando tomamos consciência das nossas grandezas e das limitações, quando corrigimos sentimentos e atualizamos progressivamente o projeto de vida, para se alcançar objetivos mais amplos, estamos entrando em contato com o Caminho do Novo Humano. Caminho este que remete à parte mais encarnada de cada um, mais material, mas que sem dúvida é o que é capaz de buscar e encontrar as sandálias que permitirão trilhar novos rumos.

A Inteligência Pura guarda a possibilidade das pessoas desenvolverem em si mesmas as características humanas mais sutis e, ao mesmo tempo, propicia, por meio da interação, a mudança no outro, o que exige disciplina, paciência, tolerância. Mas quando não se percebe a profunda ligação que une tudo e todos, acaba-se manifestando a incapacidade de viver junto, e, na interação com os outros, preponderam em cada homem e mulher as características masculinas negativas da dureza de coração, da grosseria, da impaciência, e as características femininas negativas da timidez, da falta de confiança, da inconstância e da mesquinharia.

Um dos mais difíceis aprendizados deste Caminho é lidar com as energias sexuais, que tanto conduzem aos prazeres carnais, como representam a base de sustentação das energias espirituais.

Este é o Caminho dos Gêneros, pois homem e mulher juntos representam o Espírito do Criativo, Aquele que é, Aquele que foi e Aquele que será e, juntos, cada um a seu turno, deverão desvendar este mistério, que se perfaz através dos renascimentos.

Suave é o aroma dos teus ungüentos, como ungüento derramado é o teu nome. (Cântico 1:3)

Rituais, incensos e perfumes estão relacionados a esta Inteligência, pois é a partir de uma vivência espiritual material que são despertados os sentidos mais sutis, já que a matéria simboliza a galinha dos ovos de ouro, onde o espírito se perfaz em seu recôndito de núpcias. Ao tentarmos abrir a matéria para encontrarmos as respostas, aprendemos que é na matéria viva que o ouro se aprimora e o Caminho do Novo Humano acontece misteriosamente, na câmara dos esponsais, entre o espírito e a carne. Neste Caminho descobrimos que o corpo é o templo do Altíssimo, que se perfaz humano em cada homem, em cada mulher, gêneros de D'us, em sua diversidade, separados na queda, mas que certamente encontrarão o Caminho do Novo Humano, também chamado de Caminho do Casamento.

A Inteligência Pura demarca a questão de gênero e cria o Caminho da Autonomia, da individualidade, da personalidade humana, com o seu livre-arbítrio e ao mesmo tempo marca a interdependência, inaugurando a compreensão da importância da interação entre homens e mulheres, para que se operacionalize em conjunto os projetos de vida.

A compreensão destas interações simboliza a visão do mecanismo do universo, com a capacidade de interagir, mas de permanecer individualizado, pois demarca que ser homem ou mulher são maneiras diferentes de existir, de trabalhar, de pensar e de estar na vida.

10. Inteligência Resplandecente

A Inteligência ilumina e sustenta o mundo,
sob a influência do Anjo de D'us...

DESCRIÇÃO: Este Caminho simboliza as responsabilidades dos homens e mulheres em sociedade, em família e no trabalho. Quando vivenciado, projeta uma luz resplandescente sobre todas as coisas e desperta o poder da autoridade interna intuitiva, a capacidade de decisão em conjunto, a criatividade, iluminando a todos com soluções criativas. Se hoje estamos carentes de um significado maior para a vida em conjunto, é porque nem de leve tocamos as bordas do Caminho Resplandecente.

MENSAGEM: Trabalha e luta pelo pão, mas distribui sempre com amor; preenche-te de vida, farta-te de bênçãos e possui com justiça e amor a meia-noite e o meio-dia, mas traz contigo o teu povo.

INTELIGÊNCIA DO CAMINHO: Príncipe dos Rostos, o Anjo da Primeira Glória, que leva as suas orações a D'us e traz as respostas.

MEDITAÇÃO DO CAMINHO: Pai e Mãe queridos, na grandeza de Tua presença eu ofereço as minhas obras, as minhas lágrimas e o meu suor, ajudem-me neste caminho, para que a Luz resplandeça sobre mim e sobre todos os que estão próximos, trazendo paz e amor, curando e protegendo.

IDÉIA-CHAVE: Aprendizado

TEXTO EXPLICATIVO: O Caminho Resplandecente é o que nos leva a perceber que nossa visão é parte de um esquema compartilhado mais amplo e que existimos coletivamente. A realidade não é o que enxergamos, mas é o que podemos ver, a partir do conhecimento que temos. Nossa maneira de interpretar os fenômenos tem a ver com a forma pela qual conhecemos a vida e para superarmos as limitações, as distorções provocadas pela cultura, pela questão de gênero, temos que interagir, trocar idéias, conversar, praticar junto com outras pessoas e perceber o quanto estamos presos a um véu que a tudo encobre.

Perceber com delicadeza estes véus é uma tarefa deste Caminho. Somos caminhantes e temos que realizar a nossa parte, transeuntes de um espaço e de um tempo concedidos. Este é o Caminho das Interações, das trocas entre as pessoas, por este motivo deve-se buscar aprender, neste complexo de espaço, as pessoas, as bagagens, os textos, os fluxos e os eventos.

Na troca de experiências, os indivíduos ampliam suas idéias, criam novas tecnologias e ferramentas e inovam em relação a seus contextos, construindo uma solução particular a um problema, compartilhando entre si e com outras organizações, instituições, comunidades e utilizando o conhecimento combinado para o desenvolvimento local e global. Mas não se deve ficar preso a estas engrenagens.

Ao desenvolver esta Inteligência, o indivíduo é levado a conhecer. E para se desenvolver a pessoa precisa aprender a interagir, a ver-se como parte de um organismo vivo e do mecanismo do universo, para que entenda e perceba os efeitos de suas ações em conjunto com as ações dos outros.

Esta Inteligência cria o Caminho da Humildade, do seguir em frente, para novas tarefas, porque o aprendizado é progressivo. Simboliza a educação conjunta, para inclusão ou para exclusão.

Quando a Inteligência Resplandecente se desenvolve como o meio-dia entre as pessoas, elas se aprimoram, aprendem e seguem adiante, com delicadeza e firmeza, criam um mundo melhor, mais generoso e seguem em frente, para adquirir novos conhecimentos, porque sempre é hora de aprender. É a inteligência que cria o Caminho da Mudança e, quando se está neste Caminho, as mudanças acontecem e a inteligência e a criatividade resplandecem. Por este motivo, esta Inteligência remete a uma certa instabilidade, porque a todo início se associa uma vulnerabilidade, que gradativamente vai sendo substituída pela liderança, porque no Caminho Resplandecente o verbo é aprender a liderar a si mesmo.

A Inteligência Revelando-se Humana

Kronus e Kairós

Por mais que lhe pareça impossível
Deslocar a peça chave dos intentos,
Não se esqueça, é possível e você pode.
Use sempre a razão que a fé lhe acode.
Só precisa desatar estes fios dos seus nós,
E perceber em cada fio, o eterno jogo de Kairós.[12]

Onde está o segredo do segredo?
Está em Kronus[13], engendrando inteligências.
E precisa entender do Deus a arte,
Então seja agora um aprendiz...
Percebendo em todo o tempo, sua outra parte
Complemento de su'alma, seu encarte.
E que fecha por milagre a cicatriz.

Regina Moraes — 2003

[12]Kairós, para os gregos, era o tempo oportuno, a maturidade do tempo, a partir do acúmulo de experiências e de novas variáveis.
[13]Em complemento a Kairós, Kronus é o deus do tempo cronológico.

11. Inteligência do Fogo

A Inteligência é um véu ante a ordem
de todas as sementes...

DESCRIÇÃO: Inteligência que permite lançar-se tal qual seta iluminada em direção à perfeição de si mesmo. O impulso para o salto na vida está dentro de cada um e entre os humanos.

MENSAGEM: É através do dia-a-dia, do cotidiano de suas experiências, que o humano descobre sua comunhão com o Criativo, aprende a lançar-se na vida e se transforma, dia após dia, ganhando plenitude e mais confiança em si mesmo, aprendendo a enxergar através dos véus, sem retirá-los, e adquirindo novas sementes, escolhidas nos terrenos do Rei.

INTELIGÊNCIA DO CAMINHO: Fogo, porque pode ir além e germinar ante a ordem de todas as sementes.

MEDITAÇÃO DO CAMINHO: Luz Brilhante que me deu a vida, perdoa os meus erros, mesmo aqueles que me são ocultos, e mostra-me o Caminho, a partir da Tua visão das questões. Quero agir de acordo com a Tua presença em meu ser, para que meu conhecimento se amplie. Que os dias e as noites sussurrem a Tua palavra e que a solução brote, germine, trazendo a luz para tudo e para todos.

IDÉIA-CHAVE: Impulso

TEXTO EXPLICATIVO: Este também é chamado de Caminho do Sábio andarilho, que é guiado por meio das experiências que requer o seu ser. Simboliza o advento de um novo tempo, pois há uma profusão de forças dentro do indivíduo, que o empurra para novas experiências. Chegou a hora da pessoa viver novas oportunidades, que surgem como semente do novo dia e que provocam o salto na vida!

Cada pessoa passará por este Caminho muitas vezes em sua vida, refazendo os marcos que dão o contorno do que podemos chamar de destino. A questão é que quando não temos consciência da importância de cada decisão, de cada palavra, de cada gesto, de cada ação, não percebemos a importância de nos colocarmos a serviço de uma força maior.

E o que será esta força? De onde ela vem? A resposta está dentro de cada um, no caminho. E o que dá a consciência? Só Aquele que gera pode revelar. Neste Caminho é que se transforma o vivido em conhecimento e cada um no seu tempo aprende e ensina numa dinâmica que conecta tudo e todos. Não há fórmulas mágicas, nem atalhos, mas somente a experiência única de cada um, se tornando o que veio para ser.

Talvez neste Caminho o mais difícil seja aprender a seguir sem criar expectativas, mas trabalhando sempre, com uma fé inabalável em si mesmo e no Absoluto, tornando-se então mais feliz e mais leve, porque confia para além dos véus do que não se vê, mas se percebe pelos olhos da fé.

No mito de Prometeu ele rouba o fogo do carro do Deus Sol e o doa à humanidade, que adquire a consciência. Por este motivo o Caminho do Fogo é o primeiro Caminho que liga o que está separado, quebrado. É preciso humildade para aprender, pois o Caminho do Fogo foi doado pelo Criativo aos homens e mulheres, para ser vivido na inocência, na simplicidade. Simboliza a energia vital, telúrica, o impulso que guia por meio das experiências e leva o indivíduo a mobilizar-se para mudar, para aprender, porque o Caminho o impulsiona para crescer.

O conselho aqui é procurar agir com base em princípios bem delineados, buscando ser o mais consciente possível, porque o Caminho é avassalador e leva o indivíduo a atirar-se para medir a profundidade de tudo. A regra de ouro é trabalhar e seguir em frente, buscando reconhecer o sopro divino contido em cada experiência, aceitando o impulso, mas sem deixar-se arrastar pela impulsividade.

Aqui as bases devem ser a confiança na vida, a conexão com a melhor parte do outro, a confiança em si mesmo e a fé Naquele que criou a vida. É importante também neste Caminho estar atento às falhas e buscar atuar percebendo as necessidades, falando sempre de modo franco, esforçando-se por melhorar e por incentivar as pessoas a melhorarem. Não se consegue isto com arrogância, no Caminho do Fogo inicia-se a jornada das grandes transformações pessoais.

Aqui também aprende-se a não ficar preso ao passado, aprende-se a não ficar olhando para trás, lamentando-se do ocorrido; deve-se, sim, estabelecer uma meta, objetivos, e renovar o compromisso diariamente. E, se mesmo assim a pessoa falhar, o importante é fazer uma reflexão sobre as circunstâncias e sobre como deveria ter agido para alcançar o resultado que desejava. Enxergar a falha e procurar corrigi-la com amor, deixando ao tempo a chance de corrigir a tudo no momento certo.

A Inteligência do Fogo cria o caminho que gera o amor e o respeito, lançando as bases de uma pedagogia que interligará homens e mulheres em uma profunda vivência de união.

É uma Inteligência que inspira a compartilhar idéias e problemas, ouvir e aceitar críticas e fazer autocrítica, aprender a falar de forma assertiva, com generosidade, reconhecer que as pessoas podem aprender e que o amor passa pela delicadeza. Aprende-se também que a verdade sem amor não é a verdade inteira.

Aqui, o caminhante usa a tolerância, mas tem autoridade suficiente e sabe agir com energia e força quando é necessário dar por findo em sua vida um assunto. Ele segue em frente, porque no Caminho a Inteligência do Fogo o inspira para novas experiências e ele vai renascendo, deixando para trás mais uma parte de suas vestimentas.

12. Inteligência da Luz

A Inteligência é a imaginação...

DESCRIÇÃO: Inteligência que promove os talentos que brotam do mais profundo de si mesmo.

MENSAGEM: O Caminho da Luz também é chamado de Caminho da Alquimia, que leva a imaginação além do conhecimento e cria a fé no silêncio e no repouso das idéias. É como se de repente a pessoa descobrisse que ela pode ir além, alcançar outras escalas de compreensão da vida e que, por este motivo, pode encarar as questões a partir de um outro prisma, mudando a si mesmo e influenciando as pessoas próximas para novas versões de si mesmo, tudo mais perfeito, com mais humanidade.

INTELIGÊNCIA DO CAMINHO: Luz, porque vai além do conhecimento.

MEDITAÇÃO DO CAMINHO: Luz de minh'alma, dá a Tua bênção para que a imaginação produza o conhecimento necessário, para que se desaltere o meu ser e se ilumine a mente no mar de Tuas benignidades, para que a Tua vontade se faça em mim.

IDÉIA-CHAVE: Inspiração

TEXTO EXPLICATIVO: Quando se experimenta o Caminho da Inteligência da Luz, de um ponto mais alto em si mesmo, o indivíduo sabe que as questões estão sendo resolvidas e que será abençoado com vitória em suas demandas. Sabe que terá o auxílio de que necessita, pressente que sua intuição está aguçada e que será beneficiado com a orientação do que deve fazer.

Todos somos movidos pela luz diariamente, mas muitas vezes não percebemos. No entanto, deveríamos nos perguntar: quem somos? O que queremos realmente? O que podemos fazer pelas nossas vidas? O que podemos fazer para melhorar as relações com as pessoas e com a vida? E, misteriosamente, ao buscarmos responder a estas perguntas, veríamos o quanto estamos conectados a esta luz, sempre pronta a nos inspirar com novos significados.

Este Caminho é o caminho da observação, da interação, do diálogo, é um Caminho que exige atenção para perceber que por trás de nossas descobertas estão Kairós e Kronus. Kairós simboliza a revelação do "que" deve ser realizado e Kronus dá a dimensão do "como" e "quando" fazer. Por este motivo, ao Caminho se associa também o papel de construtor, edificador, que tece as alianças e os relacionamentos necessários para se alcançar os objetivos. É um Caminho que busca o complemento e incentiva cada um a ser a parte de um Todo comprometido com propósitos mais altos.

Neste Caminho, a pessoa adquire a visão da importância da responsabilidade e do compromisso, o que inclui menos individualismo para não perder a chance de aprender e nem se perder nos caminhos misteriosos da espiritualidade.

Na verdade não há um Caminho, o Caminho se aprende caminhando e o viajante sempre se depara com uma outra parte de seu ser que precisa incorporar, para cumprir o que veio realizar nesta vida. A vida é *social* por natureza e é na relação com o outro que se vai completar a sua face interna. Mas como aprender com humildade, reconhecendo os ensinamentos que não estão nas escolas e nos templos e que podem estar no cotidiano, com as pessoas mais simples, que estão ao nosso lado? A experiência aqui passa pela percepção das implicações de cada ação. A pessoa deve renovar todo dia o seu compromisso com a verdade, mas não precisa se demorar nas críticas e autocríticas. Ele valoriza cada dia e compreende a relação de tudo com o aqui e o agora, como protoforma do futuro.

A Inteligência da Luz cria um Caminho cujo desenvolvimento exige que a pessoa seja mais cuidadosa e compreenda, enfim, que nada deve fazer sem a devida atenção.

A experiência fala de uma nova capacidade que surge dentro da pessoa, um talento que precisa reconhecer, que pode realizar, que pode desenvolver.

É a Inteligência Daquele que inspira, através do silêncio e da meditação, é o Caminho do duradouro, com o tempo agindo como a própria essência de tudo, permeando a vida, na magia de realizar o milagre.

13. Inteligência Indutiva

A Inteligência faz conhecer o espírtio a verdade.

DESCRIÇÃO: Inteligência que facilita a percepção de que a ação é a parte de uma composição mais ampla e a não-ação significa que cada resultado depende de um amplo roteiro em que outras pessoas estão se engajando em tempos e espaços distintos para que o espetáculo pessoal possa acontecer.

MENSAGEM: É convivendo que nos aprimoramos, que nos individualizamos; vivendo, temos a oportunidade de reconhecer nossas qualidades e defeitos, descobrimos as diferenças e as semelhanças e conhecemos a unidade que a tudo permeia.

INTELIGÊNCIA DO CAMINHO: Inteligência Indutiva, porque trabalha conectada com as bênçãos do Espírito Santo e faz de cada pessoa um instrumento da Luz para o mundo.

MEDITAÇÃO DO CAMINHO: Luz Amorosa que ilumina e me conduz à unidade, ensina-me a amar, para que eu possa conhecer a verdade em meu espírito, pois a verdade sem amor não é a verdade inteira. Que a Tua bênção passe por mim e flua através de mim, para que Teu trabalho seja realizado, como Te aprouver.

IDÉIA-CHAVE: Não-ação

TEXTO EXPLICATIVO: O Caminho que induz à unidade é a ligação direta com o eterno, a fonte da qual flui a nossa capacidade de sermos criados a cada dia, mais fortes. O verbo encarnar aqui neste caminho significa incorporar-se de novo, nascendo de si mesmo, conscientemente a cada dia, numa progressiva compreensão de que cada ação está conectada a um todo maior e deve-se estar atento, e não relegar ao acaso a mais simples das tarefas, pois o destino está inteiramente por ser construído e há necessidade de aprofundamento para entendermos a relação das coisas.

Este Caminho é o da ligação direta com o Amado, um "plug and play"[14], que confirma a possibilidade de uma mudança radical na vida da pessoa. Este Caminho também se chama espelho, porque na matéria reside o potencial de imagem e semelhança do Criativo. Aqui se entende as palavras do Rabi de Nazaré, quando em seus ensinamentos maravilhava-se ao dizer que o espírito foi criado por causa da carne.[15] Neste sentido, a vida é uma teia e embora se

---

[14]Ligação direta: ligou, conectou, interagiu.
[15]Evangelho de Tomé, sentença 22.

tenha o livre-arbítrio para construí-la, não se pode esquecer de que o presente surge do passado e que muitas vezes teremos que lidar com restrições, mas que em hipótese alguma elas devem nos abater; devemos, antes, buscar as novas alternativas de vida.

A Inteligência Indutiva capacita a pessoa a enxergar além das aparências e a seguir fazendo a sua parte, desvencilhando-se dos sentimentos de medo, raiva ou ansiedade que possam turvar a sua mente e as suas ações, levando-a por caminhos que não eram para ser trilhados, ou que até mesmo devem ser evitados. É conhecido também como Caminho da Não-ação, do planejamento, da organização, da percepção do conjunto. É necessário o repouso para perceber o movimento.

É evidente que se precisa de disciplina para evitar as ações intempestivas e aprender a lidar com o lado infantil, que está sempre esperando por apoio e aplausos — e isto não é uma tarefa fácil. No entanto, se seguirmos com dignidade, evitando o desgaste da autopiedade, veremos que ganhamos força no Caminho, nossa intuição aflora e nos capacitamos a resolver os problemas da melhor maneira.

Aqui o caminhante aprende a lidar com Perséfone, a rainha dos infernos, que preside os aprofundamentos; e aprende também a lidar com as Moiras, que tecem os destinos diariamente, e, unidas as duas dimensões, o caminhante será assistente e autor de seu destino, construindo-se como sujeito.

No Caminho que Induz à Unidade, o caminhante aprende a lição e descobre que:

Quem fica olhando o vento jamais semeará,
Quem fica olhando as nuvens jamais ceifará, (...)
De manhã semeia a tua semente,
E à tarde não repouses a mão,
Pois não sabes qual delas irá prosperar,
*Se esta ou aquela ou se ambas serão boas (*Coèlet, 11*)*

É o Caminho da Intuição, onde a fé dá a direção, com a certeza de que os frutos serão colhidos, porque se está trabalhando com base em recursos internos relacionados à posse antecipada do que se quer. Por este motivo é muito importante aprender a planejar.

Aprendendo progressivamente a usar a sua intuição, a pessoa antecipa-se aos problemas, corrige-se e começa a perceber os ensinamentos contidos em cada experiência. Descobre que deve planejar as ações e refletir sobre elas, mas que precisa ir além das funções intelectuais para perceber e antecipar-se à intrincada trama que vem sendo tecida pelas Moiras, desde a criação do universo.

A pessoa descobre a Inteligência Indutiva ao exercitar o Caminho da Intuição e aprende a conectar sua criatividade para fazer a parte como componente de um Todo.

Com a Inteligência Indutiva a pessoa se vê como um espelho do Criativo e desenvolve progressivamente a responsabilidade de fazer tudo com muita delicadeza e firmeza. Ela entra em contato com D'us em si mesmo, aprende que fazer a parte não é tudo, mas é grande parte do Caminho.

14. Inteligência Iluminativa

A Inteligência dá o fundamento da fé.

DESCRIÇÃO: Inteligência que ensina progressivamente a fazer a leitura dos símbolos promovendo inspiração para definirmos as novas estratégias de ação.

MENSAGEM: Temos uma luz dentro de nós, um tesouro escondido que pode aflorar por meio das experiências que vivemos e trazer mais riqueza a todos. Não devemos nos deixar ser arrastados ao sabor de cada evento. Mas em cada encontro podemos trabalhar nossos sentimentos, para que aflore a consciência e ilumine nossos caminhos e nosso entorno. Iluminando as relações, nos libertamos, libertamos o outro e todos progressivamente podemos seguir livres e em paz.

INTELIGÊNCIA DO CAMINHO: Iluminativa, porque só quando há o espaço para aprender é que a fé pode brotar e iluminar.

MEDITAÇÃO DO CAMINHO: Luz e bênção que se chama Criativo, tudo aqui tem a Tua presença, mesmo a carcaça apodrecida de um animal tem a Tua essência, então, ajuda-me a reconhecer o fundamento da santidade, para eu aprender a ter fé.

IDÉIA-CHAVE: Meio-dia

TEXTO EXPLICATIVO: Será que realmente podemos transformar água em vinho? Será que podemos nos transformar,por meio do que fazemos? Quem somos nós em essência? Como tocar nesse tesouro escondido? Será que é nossa missão transformar a realidade à volta? Será que somos uma luz que ilumina? Como recolher nas mãos o leme e o norte de nossas vidas, percebendo a oculta mão que a tudo cria em um roteiro mais profundo? Talvez pelo Caminho que ilumina, um dia adiante no tempo possamos encontrar as respostas a tantas perguntas. Provavelmente neste dia vamos entender que somos nós que preparamos o parto do Messias e que ele nasce em sociedade, pelo conjunto de nossas ações. O horror disto tudo é que também podemos estar gerando a meia-noite em sociedade, o antiamor, e não podemos culpar ninguém por este nascimento, senão a nós mesmos.

Este Caminho muitas vezes nos envia informações de sua presença em nosso interior. Sonhos, pesadelos, imaginações são próprios deste Caminho, pois ele funciona como um farol interno, conclamando-nos a crescer, a melhorar.

O Caminho que ilumina é o caminho da criação, das novas estratégias, feminino por natureza, no qual as relações que cada um tece, as trocas entre as pessoas, criam a natureza. Os novos rumos surgem pelos esforços de muitos e um dia somos agraciados com as mudanças. Mas não devemos esquecer que não trabalhamos sozinhos, apenas fazemos a nossa parte e aproveitamos a oportunidade, porque estávamos preparados.

Aqui a pessoa descobre que a fé tem um grande poder na realização do trabalho e aprende a reforçar o compromisso e a atenção com todos os seus afazeres, em casa, com a família, com o trabalho, com os amigos e com o mundo.

Para o exercício do Caminho que ilumina, a pessoa precisa a cada dia conscientizar-se do que precisa realizar para que se ativem as mudanças. Neste Caminho também se aprende a fazer a leitura da vida, que sempre nos dá muitas informações pelos caminhos. É preciso, no entanto, muita sensibilidade para não interpretar de forma incompleta ou errada os símbolos que nos são apresentados.

A este Caminho estão relacionados os rituais de meditação da semana, quando a pessoa se afasta dos seus afazeres para observar-se e ver o que falta fazer, o que precisa ser corrigido e o que precisa aprender para superar as deficiências. O exercício aqui diz respeito a sempre se perguntar se deixou de fazer alguma coisa; se deixou de envolver alguém; se fez a revisão completa; se está plenamente envolvido com o que está fazendo no momento.

A experiência de autoconhecimento da Inteligência Iluminativa exige que se aprenda o significado da palavra solidariedade, para que se possa alcançar o sentido das limitações e das possibilidades de crescimento. É importante que se reconheça o que pode e o que não pode ser realizado. A pessoa percebe o quanto é parte de um Todo que precisa compreender para poder transformar a sua vida e libertar-se. É um processo de aprendizado difícil, muitas vezes doloroso e, ao fim, de acordo com a bagagem que se tem, pergunta-se: o que me cabe fazer? O Caminho convida todos a serem assertivos, a se expressarem criticamente, mas com delicadeza, pois sua função é estimular para aprender junto, no ato de conhecer.

A Inteligência Iluminativa cria o Caminho que Ilumina, que guarda as sementes do novo céu e da nova terra, que se ataviam como noivos, no interior de cada um. No Caminho aprende-se a viver uma profunda relação com o Espírito Santo e descobre-se que somos um templo, onde cada palavra, cada gesto, cada ação e cada pensamento exigem atenção, porque constituem-se nos elementos que dão forma a tudo.

No Caminho aprende-se a necessidade de cooperação, de planejamento e de definição de novos valores compartilhados, em que o altruísmo, a tolerância, o amor, a modéstia, a coragem devem ser os fundantes dos novos tempos e das novas relações com tudo e com todos.

15. Inteligência Constitutiva

A Inteligência cria o mundo.

DESCRIÇÃO: Inteligência que ensina progressivamente a implementar as novas estratégias de ação, criando e recriando o mundo.

MENSAGEM: O Caminho que constitui o todo assemelha-se ao quadro cujo pintor vai progressivamente dando completude à obra. Mas é preciso afastar-se e olhar de longe a criação para verificar o que falta fazer. Mas não nos enganemos, pois de uma forma muito sutil, *nós somos uma tela em branco, e oculta mão colore a vida em nós*[16], que colorimos o quadro.

INTELIGÊNCIA DO CAMINHO: Constitutiva, porque é instrumento da Luz, traz a autonomia, compromete-se com o Todo e com a sua parte e percebe a relação de tudo.

[16]Fernando Pessoa.

MEDITAÇÃO DO CAMINHO: Amada Mãe e Amado Pai, Tu és o Caminho que cria o mundo e me fizeste à Tua semelhança. Ajuda-me a espelhar-me na Tua presença para que eu saiba o que fazer, como fazer, quando e por quê.

IDÉIA-CHAVE: Trabalho

TEXTO EXPLICATIVO: Este é o Caminho do trabalho, cuja experiência é construir, fazer, levar a cabo o que estava planejado, é o caminho do realizador, do empreendedor, que se pergunta constantemente: o que devo fazer? O que falta fazer? Aqui não se visam apenas às grandes mudanças, mas também às mudanças gradualistas, progressivas e que se aderem ao potencial transformador do conjunto de atividades.

Quando a pessoa entra em contato com este Caminho, ela entende o sentido que se dá às palavras: a fé sem obras é morta. Este Caminho leva à percepção de que devemos usar a força do trabalho para construirmos a realidade e que não adianta só crer, é preciso fazer. A intuição aqui relaciona-se à tarefa que deve ser realizada, ao Caminho que leva a um destino mais feliz, mais próspero.

Neste Caminho, há uma busca constante para agir de acordo com uma lei mais sutil. A pessoa trabalha, mas sente que é guiada por uma força imperceptível que surge dentro dela, uma força cuja dimensão dá forma ao líder, que progressivamente aprende a iluminar a realidade e viabiliza que outras pessoas se espelhem em sua ação, num processo gradualista e progressivo, em que o campo do trabalho é um momento de ensino e aprendizado.

Quando a pessoa desenvolve as suas aptidões em relação a este Caminho, ela passa a ver as questões a partir de uma nova dimensão, pois que está em processo uma capacidade de realização que ela possui e que até aquele momento não se havia dado conta. Para tanto, é necessário ir além dos muros, ir além das verdades individuais e buscar perceber os vários aspectos da realidade circundante. É preciso abrir mão dos julgamentos superficiais, das brigas, dos desentendimentos e das separações e ver tudo a partir de um prisma que mantenha as diferenças, não para se tornarem antagônicas, mas para nos fornecer um quadro referencial mais amplo, a fim de que possamos realizar as tarefas com um conhecimento mais adequado ao que estamos fazendo. Aqui o líder tem que abrir mão da antiga ordem de valores pessoais, para que dê lugar a uma nova forma de percepção das questões, o que significa aprender uma outra ordem no fazer.

O ensinamento é que não devemos nos deixar aprisionar pela malha intrincada que nos liga aos destinos dos outros seres humanos. Não se pode perder de vista a causa maior que nos une e que é o fundamento da nossa participação conjunta na vida.

No Caminho que Constitui o Todo, cada um aprende que o que liga tudo a todos é o amor ou a sua ausência. Por este motivo, este é o caminho do trabalho árduo do servir, para o desenvolvimento do amor.

A Inteligência Constitutiva precisa do amor para se desenvolver, da generosidade, da tolerância e no Caminho se aprende que ao nos unirmos com amor, encontraremos o fermento que a tudo liga sem destruir as partes fundamentais desse Todo. Poderemos então participar de um novo sistema, uma nova forma de interagir, com mais liberdade interna, e poderemos recolher das mãos do outro as maçãs douradas, que simbolizam o nosso complemento, o que nos falta para encontrarmos a unidade, a paz e a luz, fundamentos que constituem o verdadeiro sentido de nossas vidas.

16. Inteligência Eterna

A Inteligência emerge do Paraíso.

DESCRIÇÃO: Inteligência que viabiliza a linguagem corporal e também a que está fora do corpo. "Quem não entende um olhar tampouco pode compreender uma grande explicação".[17]

MENSAGEM: O Caminho Eterno anima o mundo desde a sua criação. É o sopro do espírito, o vento que sopra em todas as direções e que ninguém sabe de onde vem, nem para onde vai.

INTELIGÊNCIA DO CAMINHO: Eterna, porque é instrumento da aprendizagem conjunta.

[17]Mario Quintana.

MEDITAÇÃO DO CAMINHO: Luz que concede o dom da criação, em meio ao mundo, a Tua inteligência emerge de mim mesmo, de um ponto primordial, onde a criação começou. Obrigado, eu sinto a Tua presença, colaborando comigo nos meus projetos, dando-lhes um contorno muito mais aprimorado, permitindo-me ir além, com uma solução mais abrangente para a prosperidade de todos.

IDÉIA-CHAVE: Linguagem

TEXTO EXPLICATIVO: Este é o Caminho do espírito, que anima a vida e faz ter esperança, mesmo nos momentos difíceis.

Conta a lenda que quando Adão e Eva saíram do Paraíso, seguiram por este caminho, o que significa que é o caminho da consciência, que na maioria das vezes causa sofrimento, mas sem sombra de dúvida oferece a oportunidade do crescimento a todos aqueles que se arriscam a sair em busca de terras mais promissoras.

Quando se entra neste Caminho, as palavras ganham uma nova interpretação. É uma frase que se encaixa, uma palavra que responde à sua pergunta. A impressão que se tem é a de uma grande coincidência, entretanto, ao se vivenciar neste relacionamento a intimidade com o Criativo, pode-se tocar as portas da magia, com humildade e respeito aos rituais, exercitando-se o Caminho Eterno.

No Caminho Eterno aprende-se que cada escolha deve ser feita dentro de um significado profundo com tudo, cada decisão envolve uma responsabilidade e um compromisso com o Criativo. Aqui a pessoa aprende que a opção é material, mas que precisa do espírito para fazer a reflexão, que encaminhará a melhor decisão para o momento.

Tocar a superfície desta magia exige uma interação cotidiana com o ser mais profundo, para que a informação possa ser ouvida. A pessoa deve estar consciente de que esta experiência não se faz de forma isolada, e o grande desafio é o laço estreito que se percebe com o mundo social, a vida familiar, a convivência, o trabalho. Surge, a partir desta visão de interdependência, uma capacidade de autonomia, em que cada ação é fundamental para o desenvolvimento do todo. Neste Caminho aprende-se que cada opção conduz à realização do destino pessoal e contribui para o destino coletivo, que também é moldado por cada um.

Neste Caminho, a autocrítica pode exercer uma atividade muito benéfica quando incorporada à meditação diária, incentivando a prestar atenção e a refletir sobre as ações e percebendo o quanto tudo está conectado, significando que é no conjunto de nossas relações que temos a chance de aprender, crescer e existir. Desta forma, o indivíduo percebe o seu papel e trabalha em direção a uma organização mais benéfica a todos.

Não se deve, no entanto, fazer deste Caminho um caminho rigoroso, triste; pelo contrário, ele existe para trazer beleza e estética a tudo, permitindo à pessoa uma visão mais abrangente do conjunto de sua existência. Aqui se exige uma linguagem educada e amorosa consigo mesmo e com os outros e uma fé renovada em si mesmo e nos outros, na certeza de que o crescimento é gradualista, mas progressivo. O Caminho Eterno traz a certeza de que a vida, por mais difícil que seja ou que esteja, lhe apresentará a saída, porque a partir de um relacionamento mais profundo com tudo se está aprendendo a acreditar na força espiritual que faz o caminho.

Muitos mestres no passado associaram o desenvolvimento da Inteligência Eterna ao Caminho do *Shabat*, porque cada pessoa necessita periodicamente parar seus afazeres e meditar em silêncio sobre as suas práticas. Outros mestres, de outras tradições, acrescentaram a este Caminho a meditação ativa, significando com isso que é no calor das ações, em meio às tarefas e escolhas do cotidiano, que a pessoa busca a melhor forma de atuar e imprimir uma nova relação com tudo.

No exercício desta Inteligência, no Caminho da oração viva, a pessoa não faz nada ao acaso, e com o tempo não faz nenhum esforço adicional, pois o que foi antes disciplina, passa progressivamente para ser conhecimento incorporado à sua vida.

17. Inteligência Dispositiva

A Inteligência torna apto o espírito.

DESCRIÇÃO: Inteligência que ensina que as sementes que plantamos constróem nosso destino pessoal e os destinos de muitas pessoas. Também chamado Caminho da Aptidão.

MENSAGEM: A visão que se tem de D'us não é D'us, mas somente uma imagem figurativa na mente de cada um, no processo mítico vivido entre homens e mulheres, em suas interações na história dos povos. Esta imagem é esculpida na mente do humano, pelo próprio humano, por este motivo o Rabi ensinava que a mente é o solo onde as sementes são plantadas todos os dias, e que no dialogismo das forças, ela é a Mãe Fértil Brilhante e a Mãe Estéril Obscura. Por este motivo ele ensinava:

Eu não vim trazer a paz, mas a espada!

INTELIGÊNCIA DO CAMINHO: Dispositiva, porque as práticas individuais e coletivas manifestam a dimensão espiritual em que se está.

MEDITAÇÃO DO CAMINHO: A luta é grande, mas Tu deste a cada um a aptidão para receber o Teu espírito, então preenche-me com a Tua presença para que eu saiba discernir os meus erros e agir de forma a obter a vitória. Prepara para mim uma mesa farta diante de todos, porque não descuidarei da Tua presença e porque confio em Tua justiça.

IDÉIA-CHAVE: Semeadura

TEXTO EXPLICATIVO: Na vida, o tempo todo a pessoa tem que decidir, avaliar, pesar questões e escolher o processo no qual tudo é feito com base no seu conhecimento, na sua aptidão. É assim que vai formando não só a sua vida, mas num modelo mais amplo, a vida de muitas pessoas, pois a forma como imprime a sua marca em tudo o que faz é carregada de significados, de valores, que a pessoa tira do Caminho Interno da Aptidão.

E se o indivíduo pudesse ponderar a cada momento sobre suas escolhas e a tudo fizesse a partir de uma reflexão mais profunda, menos superficial? Aquele que está aprendendo sabe que não pode mudar o passado, e que tem que lidar com o resultado de suas escolhas e ainda que o que fez no passado projeta-se em seu futuro, pois há uma vida inteira com passado, presente e futuro, em cada minuto vivido. No entanto, ele pode mudar o presente, decidir-se pela vida e dar força ao melhor de si mesmo, cujo nome na Antiga Tradição é o justo. E o mistério aqui reside na compreensão de que mudando o presente, ele muda o futuro, e o passado se transforma em uma história, o arcabouço que possui as raízes deste todo.

Os antigos mestres diziam que em cada minuto há uma vida inteiramente nova por viver e que no Caminho da Aptidão pode-se renovar os valores e construir um novo Caminho sobre o já trilhado. Segundo eles, o justo mora no universo interior de cada um, sendo o seu elemento humano mais perfeito.

O ensinamento deste Caminho é buscar sempre seguir com base em uma percepção de conjunto, considerando as pessoas, o contexto, pois participamos como atores na criação dos eventos e acabamos co-responsáveis na realidade que se forma. A vida é colaborativa e sempre podemos fazer diferente a cada instante. Cada momento traz inúmeras possibilidades, precisamos estar atentos no caminho que escolhemos.

Não vivemos sozinhos e mesmo quando estamos sós, estamos num mundo em sociedade, com outras pessoas, e somos permanentemente a luta entre o velho e o novo ser. Somos tal qual as Moiras Cloto (a fiandeira), Láquesis (medidora) e Átropos (cortadora), tecendo com o fio muito mais que a nossa própria sorte, e formando, nos caminhos que trilhamos, os destinos de muitas pessoas.

Como dar voz à melhor parte, para podermos realizar o nosso destino? A resposta desses mestres é que a oração e a meditação são os segredos da chave que abre esta porta. Tradições mais recentes dizem que a bagagem, o conhecimento, faz parte da biologia do ser humano. Tudo o que realmente aprendemos não se perde e passa para outras gerações, num arranjo que Carl Gustav Jung chamou de inconsciente coletivo e que a tradição dos mestres denominou de Árvore da Vida.

> *E veio então um novo céu e uma nova terra (...) No meio da avenida e das duas margens do rio, achava-se uma árvore da vida que produz doze frutos, dando cada mês um fruto e suas folhas servem para curar as nações.* (Apocalipse 21,22)

Os mestres que esconderam o ensinamento para preservá-lo falam da Árvore da Vida como um Caminho Coletivo, oculto, que está entre os humanos, e que vai progressivamente ganhando corpo, força, influência e estendendo-se por entre todos. Pode ser a Árvore do Meio-dia ou a Árvore do Outro Lado da Meia-noite. Por este motivo, o justo é chamado de Jardineiro de D'us, porque no Caminho por onde ele passar, as vidas serão preservadas e a cidade nova, com o novo céu, surgirá progressivamente, porque ele é também designado como Palmeira de D'us, que se eleva, bem alto.

18. Inteligência Avassaladora

A Inteligência revela o que está oculto em sua sombra.

DESCRIÇÃO: Inteligência que ensina a lidar com os medos, a raiva e o remorso. Desenvolve a consciência e transforma o que aprendeu em conhecimento.

MENSAGEM: Esta é uma experiência que mostra o indivíduo como ele é, sem os véus que cobrem a sua natureza. Neste Caminho, o indivíduo apresenta-se tal qual é e não o que ele pode vir a ser, com os trabalhos do autoconhecimento. É por este motivo que se diz que à sua sombra estão adormecidos sentidos ocultos, pois é deste caminho interno que o indivíduo extrai os valores, os significados com os quais interage e tece a teia da vida e se enreda ou se liberta. Por este motivo, deve-se sempre pedir ajuda ao Criativo, numa conexão cotidiana, para tocar a superfície de um conhecimento que ainda não se possui, mas que se conhece pela fé.

INTELIGÊNCIA DO CAMINHO: Avassaladora, porque mostra a pessoa como ela foi, como é e como será, porque tira os véus da natureza do ser e deixa à mostra a sombra que é do tamanho da luz.

MEDITAÇÃO DO CAMINHO: Tu tens o poder de ver sob os véus a natureza avassaladora e desalterar o ser, curar. Ajuda a enxergar com os Teus olhos. Confio em Ti e sei que no Caminho da Prova Real, em mim está Aquele que me defende. Creio em Ti e que a fé seja o importante afluente no rio da minha vida. Como a fumaça se dissipa, assim com Tuas forças se dissipe o mal onde quer que se apresente. Como a cêra derrete-se ante o fogo, assim na Tua presença pereçam os inimigos.

IDÉIA-CHAVE: Consciência

TEXTO EXPLICATIVO: Há momentos em que se chega a dizer: eu não posso rezar, reze por mim! O que nos reserva o Caminho da Prova Real? A prova das relações interpessoais, e aqui somos o que somos e não o que seremos. Nossas limitações, raivas, medos acordam e podemos murchar ao toque do vento ou aprendermos a seguir adiante, lidando concretamente com as questões, desenvolvendo atitudes a partir de objetivos maiores. Quem aprende a seguir adiante sem olhar para trás toma nas mãos as rédeas de si mesmo. A experiência aqui é aprender a seguir adiante, sem se prender aos sentimentos que obrigam muitas vezes a ficar remoendo os assuntos, repassando as experiências na memória. É o agir e pensar com base numa lógica que incentiva a calar ou a falar de forma assertiva, consciente do que se fala e do porquê se faz desta ou daquela forma.

Muitas vezes há a sensação de que não se fez a coisa certa e que as escolhas resultaram em erro, neste momento indaga-se o porquê dos fatos e às vezes não se obtém nenhuma resposta. O aprendizado maior é não desesperar-se durante a prova, o mais importante é perceber que há uma vida a ser vivida e toda mudança diz respeito a uma nova forma de expressar-se como ser humano.

Outro ensinamento desta Inteligência é não se deixar envolver emocionalmente pelas pessoas ou situação, é preciso ser racional, sem perder a sensibilidade e aprender a seguir objetivado, menos emocionado e mais consciente, sabendo que tudo passa.

A pessoa desenvolve suas aptidões na vida, diante de todo mundo, no fogo dos acontecimentos, e é na interação que se apresenta o momento oportuno de incorporarmos tudo o que aprendemos, expressando o que somos na verdade:

> *Acaso vingará? Acaso a água não arrancará suas raízes? (...) de modo que não haja necessidade de braço forte e de muita gente, para arrancá-la pelas raízes? (...) Vingará ela? Não murchará ao toque do vento oriental no mesmo canteiro em que brotou? (*Ezequiel 17: 8-10*)*

O certo é que é muito difícil apresentar sempre a melhor face de nossa natureza e a verdade é que somos um conjunto espectral de virtudes e defeitos. O que apresentaremos em cada situação: seremos manipulados pelas pessoas ou questões, ou nós mesmos escolheremos os ingredientes com os quais nos apresentaremos em público? Virtudes ou defeitos, o que em nós vem ganhando força a cada dia? Quem somos na realidade? Em que estágio estamos do nosso desenvolvimento pessoal?

A Inteligência Avasssaladora está no Caminho da Prova Real, onde descobrimos quem somos hoje. E seja lá qual for a resposta, não é bom ficarmos presos às lamentações, mas aprendermos a seguir em frente, conscientes do que devemos incorporar e do que devemos descartar.

Esta Inteligência ensina que é preciso, como Hércules, capturar a corça todos os dias, domar a mente tagarela, pois até fixar-se a verdadeira natureza corre-se o risco de murcharse ao toque do vento, no mesmo canteiro em que se brotou.

19. Inteligência do Segredo

*A Inteligência recebe a bênção elevadíssima
e a Glória Suprema.*

DESCRIÇÃO: É o meio que permite a conexão direta com os anjos guardiões da justiça.

MENSAGEM: Dom Helder Câmara ensinou que para sermos sempre os mesmos é preciso mudar constantemente, e todos os dias aprender. O mais misterioso neste ensinamento é que a cada minuto somos o que fomos, somos o que somos e somos quem seremos, como se todo um destino já estivesse formado desde o nosso nascimento, com o passado, o presente e o futuro combinando-se num complexo determinismo divino e na incerteza humana.

INTELIGÊNCIA DO CAMINHO: Inteligência do Segredo, porque dinamiza as atividades espirituais.

MEDITAÇÃO DO CAMINHO: Tu és o Caminho do Segredo, que promove em mim a bênção elevadíssima e a Glória Suprema, então eu não temerei porque Tu estás ao meu lado, luta por mim e me defende.

IDÉIA-CHAVE: Roda do destino

TEXTO EXPLICATIVO: O que é receber a afluência da bênção elevadíssima e da Glória Suprema? Os mestres diziam que a fidelidade é um estado de espírito que se alcança quando aprendemos a agir de acordo com os princípios mais altos, ditados por nossa consciência. O Caminho do Segredo é, segundo a tradição, um momento de conquista, por se ter conseguido vencer os fortes inimigos: nós mesmos, nossos desejos, nossos sentimentos inferiores, os medos, o egoísmo. É um momento que exige muito cuidado e os mestres aconselham a não perder de vista que não deixamos de ser o que éramos, mas passamos a ser o que somos. Todo o cuidado é pouco, pois somos o que fomos, somos o que somos e somos quem seremos! A iniciação é progressiva, e para não sucumbirmos diante de estados internos já ultrapassados, devemos conhecer nossas fraquezas e estarmos de sentinela diante de nós mesmos.

É possível entender este roteiro? Pode um Criador criar um sistema tão fechado que não admita parcerias com os humanos, para alcançar os seus objetivos? Pode haver um sistema tão fechado que não permita trocas, interação? A própria natureza responde; o Mar Morto, que só recebe águas, é tão salgado que não há vida em si mesmo. Então é preciso entender o mito da criação como uma construção conjunta, numa via de entrada e saída, de troca, numa eterna interação, em que cada minuto conta e ninguém sabe o futuro, nem D'us, nem os homens, nem a mulheres, só o Espírito de D'us é quem sabe, Ele que é o Velho dos Dias, parceiro dos humanos, que fecunda a Alma, que renova a vida de cada um e renova toda a criação.

Certa vez um discípulo perguntou ao Rabi Joshua: podemos mudar nossa sorte, aquela que trazemos conosco? Não interferirá isto nos planos do Amado? O Rabi respondeu traçando com os dedos uma curva no céu, à semelhança do arco-íris: mas quem sabe quais são os planos do Amado? Quem ousa perscrutar-lhe o espírito para sondar o seu pensamento e arvorar-se em falar em interferência? Um poderá dizer: aqui estão os planos do Cavaleiro dos Céus. Outro se arrogará detentor da verdade eterna. Outros ainda, abandonando asceticamente o povo, dirão que são os verdadeiros representantes do Divino na Terra. Eu porém lhes digo que o arco-íris é o símbolo da aliança do Amado com cada ser. Os planos do Amado estão guardados no Reino e o Reino está entre os homens e as mulheres, dentro de cada um (Lucas 17:21) e entre todos, no passado, no presente e no futuro.

Aprender a organizar a vida para alcançar o estado de bênção não é uma tarefa fácil, significa perscrutar em si mesmo o Reino e descobrir o plano do Amado, na versão individualizada, pois que ele não trata a sua criação como se fosse um amálgama de elementos indiferenciados. Para isso, é necessário dar atenção a cada momento que se está vivendo, pois no aqui e no agora reside o tesouro. Este é um dos mistérios que os mestres revelaram: na maioria das vezes existe toda uma existência que nós estamos deixando para trás, e como, na imensa maioria das vezes, as maçãs de ouro estão nas mãos do outro, é preciso ir além das aparências e aprender com as experiências. A ação nasce da interação e cria a matéria, a nova Terra.

Muitas vezes surgem incompreensões pela falta de diálogo. Mas é fundamental se buscar o pensamento equilibrado para que se possa seguir o Caminho, para viver uma nova etapa da vida e crescer. Aqui reside a compreensão de que nós temos parte considerável na construção da realidade a nossa volta e que podemos sempre imprimir uma nova dinâmica na vida. É importante neste momento ver que a vida não é uma colcha de retalhos e as questões devem ter uma solução que atenda da melhor forma o ambiente no qual se insere. Assim, cada passo aqui é dado perscrutando a tudo e a todos, para que as decisões sejam com base em um firme propósito, de continuidade da vida, de respeito ao próximo e de respeito a si mesmo.

A pessoa às vezes é levada a perceber o quanto é diferente de todos à sua volta e que não só pode ensinar, como também aprender, para que o campo de soluções de cada um seja mais abrangente. Resta ao caminhante organizar-se em cada passo, em cada momento, pois ele tem que seguir adiante e viver as experiências com fidelidade, buscando aplicar na prática o que está aprendendo.

E se for muito difícil ser fiel, naquele contexto, não deve sair de qualquer maneira, nem fugindo, porque sua retaguarda está sob a proteção dos anjos guardiães da justiça. Deve acreditar que o passo dado foi importante e que adiante no tempo encontrará novos aliados, outras oportunidades de crescimento. Porque se você é fiel consigo mesmo, com o Criativo, em decorrência, você é fiel com o próximo.

A Inteligência do Segredo incentiva a cada um descobrir e viver a sua história, que é parte do roteiro da vida de outra pessoa, cuja vida é parte da vida de outras pessoas e, segundo os mestres, para não ficarmos retidos no caminho, não devemos nos identificar com nada, nem com ninguém, para que possamos ser livres. E isto não significa ser egoísta ou individualista, mas independente na interdependência.

Aqui aprende-se que o importante é transformar em conhecimento os medos, as perdas, as alegrias, as derrotas e as vitórias, pois desta forma podemos criar recursos internos para o autoconhecimento, para o descanso e para a renovação da vida, que cotidianamente faz surgir o sol, após a noite mais escura.

Misterioso é o Caminho do Segredo e muitas vezes perde-se a esperança e analisa-se tudo de forma determinista, sem acreditar que o inesperado pode acontecer. A Inteligência do Segredo é a Inteligência do improvável, quando a pessoa segue inocente, não por ser ingênua, mas por ser um aprendiz.

20. Inteligência da Vontade

A Inteligência prepara todas as criaturas.

DESCRIÇÃO: Ensina a ter peciência porque estamos aprendendo. Também chamado Caminho da Sabedoria Primordial.

MENSAGEM: A Inteligência é a própria essência divina que traz sabedoria ao caminhante para que ele aprenda a imprimir as mudanças que se fazem necessárias, para que tenha a calma e a paciência para não se desequilibrar diante dos problemas, aprendendo a discernir as questões, desenvolvendo a compreensão para descobrir o fio da meada que une todos e tudo o tempo inteiro.

INTELIGÊNCIA DO CAMINHO: Vontade, porque prepara para demonstrar a Sabedoria Primordial.

MEDITAÇÃO DO CAMINHO: Glória e Bênção, eu quero exercer a Tua vontade, porque sei que em mim existe a Tua sabedoria primordial e quero buscá-la. Um novo dia começa, ajuda-me a enxergar as questões como se fosse a primeira vez, ensina-me a decifrar as mensagens contidas na vida.

IDÉIA-CHAVE: Subjetividade

TEXTO EXPLICATIVO: Cada dia é um novo começo e os mestres ensinaram que o que vale é perceber tudo como se fosse a primeira vez, com novos olhos, buscando outros ângulos, a partir dos quais pode-se enxergar a vida sob uma nova visão, desconhecida antes. Isto requer a compreensão do tempo, a aceitação das impossibilidades momentâneas ou permanentes da realidade circundante e a descoberta de que não se pode ir além do âmbito da própria vida, mas que em qualquer situação reside um grande espectro de observação e ação. É o momento de se abarcar com o olhar toda a dimensão do contexto, do que já foi realizado e do que resta realizar. É o momento de se descobrir que apesar de tudo, ainda se tem um grande poder de atuação.

A revisão é abrangente e envolve pessoas, contextos e ações, exigindo o tempo como essência que fundamenta as análises e reflexões, sempre mostrando novos ângulos da questão, porque se adquiriu novos pontos de vista, outras interpretações, outras análises. Muitos são os momentos da vida em que se pode adquirir a sabedoria, e esta exige solitude, introspecção e reflexão, para se incorporá-la e vivê-la em toda a plenitude. A paciência e a tolerância deverão ser desenvolvidas e as possibilidades e limitações reconhecidas, para que sejam desenvolvidos os recursos internos que ajudarão no salto da vida: se hoje estamos sozinhos, adiante encontraremos amores e amigos. Se hoje não pudemos realizar algo, não faz mal, adiante estaremos em melhores condições. Se hoje houve incompreensão, amanhã saberemos nos expressar melhor, compreenderemos melhor as questões; o importante é que estamos aprendendo.

Neste Caminho, a pessoa em meio à algazarra da vida verifica que precisa refletir sobre a grandeza das experiências e administrar sua vida, introduzindo a reflexão sobre as ações, o que a leva a condutas mais sábias.

Também é chamado de Caminho da Sabedoria Primordial o Caminho da Sinergia que envolve as pessoas e as inspira para realizarem seus empreendimentos em conjunto.

Aqui neste Caminho o viajante está sempre se questionando sobre as ações, refletindo, pensando, buscando incorporar percepção ativa, para que suas ações sejam equilibradas e, mesmo sob pressão, consiga atuar de maneira lógica e ponderada. Mais uma vez reside o conselho de que o aprendizado é inter-subjetivo e que a "inter-subjetividade é anterior à subjetividade",[18] significando com isso que para cada um existir como homem ou mulher, tem que existir como relação: nem Eu, nem o Tu, mas o Nós.

Dizia o poeta[19]:

---

[18]Barros, Diana Luz Pessoa. *Contribuições de Bakhtin às teorias do discurso, in* Bakhtin, *Dialogismo e construção do sentido* (org. de Beth Brait). São Paulo: Unicamp, 1997.

[19]Carlos Drummond de Andrade, "Mãos dadas".

Estou preso à vida e olho os meus companheiros
(....) Entre eles considero a enorme realidade.
O presente é tão grande, não nos afastemos.
Não nos afastemos muito, vamos de mãos dadas.

Os mestres diziam que o Caminho da Vontade é desenvolvido a partir de uma relação cotidiana com a Sabedoria Primordial, a partir do respeito aos mistérios divinos e de um conhecimento que surge e se acumula a partir da interação com o Altíssimo, uma verdadeira intimidade que é nutrida a partir do diálogo e do silêncio.

Lembre-se do que Merlin disse sobre aprender: "Sabe a melhor coisa a se fazer quando você está triste? É aprender alguma coisa. Essa é a única coisa que não falha nunca. Você pode ficar velho e trêmulo de corpo, pode ficar acordado de noite, escutando a desordem de suas veias, pode perder seu único amor, pode ver o mundo à sua volta devastado por lunáticos perigosos, ou saber que sua honra está sendo espezinhada nos esgotos das mentes mais abjetas. Só há uma coisa a fazer então: aprender. Aprender por que é que o mundo se agita e o que é que o agita. Essa é a única coisa que a mente nunca pode exaurir, nunca pode alienar, pela qual nunca pode ser torturada, que nunca precisa temer ou recear, que nunca poderá sonhar ter que lamentar. Aprender é o que você precisa. Observe quantas coisas há para aprender: ciência pura, a única pureza que existe. Você pode aprender astronomia no espaço de uma vida, história natural em três, literatura em seis. E então depois que gastou um milhão de vidas aprendendo biologia e medicina e crítica teológica e geografia e história e economia, ora, você pode começar a fazer uma carroça de madeira apropriada, ou gastar cinqüenta anos aprendendo a começar a aprender a vencer o seu adversário na esgrima. Depois disso você pode começar de novo em matemática, até que chegue a hora de aprender a arar."[20]

Os antigos adeptos ensinavam sobre a Inteligência da Vontade, que o templo está entre os homens e mulheres e que por isso devemos reconhecer a Luz divina em todos os lugares e pessoas. Eles ensinavam que não devemos nos afastar muito uns dos outros, pois um templo para se sustentar exige uma certa distância entre as colunas, nem tão próximas, nem tão afastadas. A distância correta cada um terá que descobrir na relação com o outro. Mas para isto é preciso aprender.

---

[20] WHITWE, Terence H. *The Once and Future King*. Nova York: Putnam.

21. Inteligência do Buscador

*A Inteligência influencia por sua
bênção todas as existências.*

DESCRIÇÃO: Ensina a lidar com o humano e o leão dentro de si mesmo. Também chamado Caminho de Hércules.

MENSAGEM: Aqui se estabelece a diferença entre sorte e destino, pois quando não se enxergam os fios tênues que nos ligam a todos, passa-se a atuar de forma desconectada a tudo, o que leva a criar a própria sorte, lutando contra o destino, que é a força inteligente por trás de tudo. Por que pois desprezar os humildes começos? (Zacarias 4:10)

INTELIGÊNCIA DO CAMINHO: Buscador, porque agrada aqueles que a buscam, que pela influência de D'us se transformam em uma bênção para todas as existências.

MEDITAÇÃO DO CAMINHO: Amado Pai e Amada Mãe, presença viva em meu coração e à minha volta, que as Tuas bênçãos se derramem sobre os meus antepassados, que viabilizaram o meu nascimento. Que o Teu amor influencie com sua presença todas as existências, no passado distante, ontem, hoje e amanhã, e que eu possa renascer das Tuas bênçãos.

IDÉIA-CHAVE: Começo

TEXTO EXPLICATIVO: Existem momentos em que a pessoa percebe que deve se expressar de forma diferente, assumindo a sua condição de adepto de uma nova atitude diante da vida. A pessoa adquire a noção de que ninguém pode lhe dar a liberdade, nem a cidadania; elas são conquistadas através de uma conduta consciente no curso das interações com os outros.

Aqui a pergunta é: como liderar a si mesmo? Como aprender a dominar os sentimentos menores? Como atuar de forma inteligente, aprendendo a reconhecer a força de transformação contida em cada evento? De que forma usar toda esta potência a favor de nós mesmos, do grupo, da sociedade? Cada um deve se ver responsável pela coletividade, responsável pela educação de seus membros, e pela prática progressiva e permanente do diálogo, tomando a seu cargo uma parte da construção da vida.

Aqui se exige uma nova sociabilidade, e a pessoa deve buscar uma relação sinérgica com todos, como base de uma existência participativa, pois juntos encontraremos as vias progressivas, que, aliadas às experiências, não serão motivo de separação e sim de desenvolvimento humano e social de todas as pessoas do grupo.

Os antigos mestres ensinavam que as experiências que determinam as mudanças que alteram os padrões da vida se desenrolam em todos os momentos. Todas as oportunidades, por menores que sejam, têm o seu valor e é desta forma que se atinge progressivamente a própria sorte ou o destino pessoal e coletivo. Nada deve ser desconsiderado.

Aqui a pessoa se prepara para sobreviver ou para viver em grupo e ser sujeito da sua história, que não é só sua, e para tanto precisa ser tecida de forma conjunta, compartilhada.

Também chamado de Caminho de Hércules, aqui o indivíduo aprende que o tempo é a essência de tudo e que não poderá fugir às suas experiências, nem delegar a outro suas responsabilidades; ele terá que Conquistar o Leão de Neméia, apropriar-se do instinto vital e criativo, dominar a fera, conquistar a própria identidade e fixar as virtudes.

A Inteligência do Buscador é um Caminho de poder, onde a luta entre opostos revela o momento em que o ser humano se depara com um espectro de sentimentos e características dentro e fora de si mesmo, com o qual terá de aprender a lidar. Uma luta ferrenha e terrível em direção ao aspecto humano, da qual vai emergir com confiança e integridade.

Não se trata aqui de se chegar a um ideal de perfeição, mas de adquirir a percepção do quanto a parte humana ainda está por se desenvolver, num exercício de autoconhecimento.

A compreensão das regras, a percepção da não-onipotência possibilita o amadurecimento para realizar uma revisão profunda em nossas crenças, valores e conceitos. Este é um dos caminhos que leva a conhecer o Reino, que não está aqui ou ali, mas está entre os homens e mulheres de todos os tempos e espaços.

Os mestres falavam que viver o Caminho do Buscador não será fácil, pois a pessoa tem que aprender a lidar com suas limitações, às quais muitas vezes pensa que são virtudes. Por isso se diz: "quem pode discernir os próprios erros? Das faltas não percebidas, purifica-me." (Salmos 19:13)

Este Caminho abre as portas para as grandes mudanças, e quando vivenciado com atenção, consciência e força criativa, dá a possibilidade de viver o destino, como obra revelada do Amado. No entanto, é preciso aproximar a compreensão, a tolerância, dialogando, ouvindo os outros, avaliando as críticas, revendo atitudes e ponderando sobre os erros e acertos, pois o poder que controla a vida jamais estará em nossas mãos, mas entre todas as pessoas, na relação, nas interações, porque o Criativo mora entre nós.

22. Inteligência Fiel

A Inteligência revela o que está oculto e aumenta as virtudes depositadas em sua sombra.

DESCRIÇÃO: Abre a percepção das realidades que não são vistas e guia através dos caminhos. Outros nomes: Caminho do Amor ou da Dignidade.

MENSAGEM: Neste Caminho, o indivíduo está envolvido em meio a uma trama de eventos. Pessoas e circunstâncias exigem dele uma percepção que vai além da situação em si e cujos motivos serpenteiam para muito além do que ele pode enxergar. A pessoa começa a entender que nem tudo pode ser tratado na esfera da lógica e que ela não detém o poder sobre o que está acontecendo.

INTELIGÊNCIA DO CAMINHO: Fiel, e o segredo aqui é renovar a confiança, encontrar dentro de si a fé que anima e que convoca a seguir confiante de que encontrará amigos adiante e que as experiências são necessárias ao crescimento das partes que estavam estagnadas, adormecidas.

MEDITAÇÃO DO CAMINHO: Luz que ilumina a vida através das gerações, que nos concede a Inteligência, ajuda-me a desenvolver as Tuas virtudes, a ganhar consciência das questões e criar as forças de que necessito para dar o rumo correto aos pensamentos e às questões. Que eu possa agir de forma inteligente, e mesmo sem entender o porquê das coisas, que eu consiga perceber que Tu estás sempre em todos os lugares e que estás aqui!

IDÉIA-CHAVE: Percepção

TEXTO EXPLICATIVO: o Caminho Fiel relaciona-se às transformações que precisam ser implementadas em face do processo de mudança pelo qual a pessoa está passando. As relações decorrentes da vida aprofundaram-se e a pessoa está sendo conduzida por processos internos que desconhece, e sem poder perceber neste momento os rumos de tudo está sendo compelida a tomar consciência das questões e a dedicar-se a trabalhar em direção à resolução do problema, encontrando os recursos internos de onde buscará forças para enfrentar as dificuldades.

Entrando em contato com o Caminho Fiel, a pessoa descobre as virtudes da força, do domínio de si mesmo, da capacidade de entregar-se confiantemente aos seus afazeres, porque de um ponto mais profundo da vida, ela pressente a fera, e é a partir da delicadeza desta percepção e domínio sobre si mesmo que ela complementa as suas forças.

Somos perfeitos na semelhança com o Amado e progressivamente podemos aprender a viver as experiências, a perceber o que precisa mudar, na convivência com as pessoas e eventos, num exercício de poder sobre nós mesmos. Neste diálogo com a Terra, encontra-se a fé e gradativamente manifesta-se na pessoa uma capacidade de confiança e liderança, porque ela tem uma nova face, mais disposta a aprender com seus erros e acertos.

A vida é um instante mágico e o Caminho Fiel é um Caminho de confiança no Criativo e de dedicação irrestrita ao bem, à tolerância, ao Amor. Quem aprende o domínio de si, aprende a lidar com a sua natureza múltipla e vai pouco a pouco ganhando força espiritual.

Um velho Rabi contou certa vez que o Faraó pediu a artistas que pintassem o retrato de Moisés: um o pintou como um anjo e outro o representou como um demônio. Chamado à presença do Faraó para resolver a contradição e apontar qual das imagens lhe era fiel, Moisés revelou que as duas pinturas correspondiam ao seu espírito.

O que significa ser a luta entre o novo e o velho ser? Significa que a vida muda a todo instante e se é um e outro ao mesmo tempo. Mesmo as células estão em constante mutação. Não somos mais o que fomos e a cada momento nos renovamos por inteiro. Isto é fidelidade.

Este Caminho mostra a pessoa inserida nos contextos, mostra a pessoa como um processo vivo de matéria e espírito, que se alternam em diálogo e silêncio, aliados para a vida. Um processo em que as contradições internas interagem até o antagonismo, até o momento em que os fios invisíveis da trama se rompem, deixando nascer o novo, ainda vulnerável, frágil, imaturo. É a partir desta conexão com a família, o trabalho, com a interação entre as pessoas, que cada um pode resolver seu destino. Não significa rebelar-se, nem adaptar-se, significa ir além, por uma terceira via, e nascer a cada interação, sem tirar os véus do que é sagrado, mas descortinando progressivamente, com muita delicadeza, o ensinamento oculto em cada interação, em cada gesto, em cada ação, em cada contexto.

Os outros nomes deste Caminho são Dignidade e Amor, e aqui estão escondidas outras máximas suas: o poder não pode resultar em autoritarismo, mas precisa revestir-se de seu outro nome: suavidade. O adepto deve ser suave em suas intervenções na vida e dar dignidade a tudo que faz, e tudo fazer com amor, pois fazendo desta forma ele estará vivenciando o Caminho Fiel.

A experiência do Caminho Fiel torna progressivamente livres homens e mulheres, pela dedicação diária à conquista do Leão de Neméia, suavemente dominado, eternamente livre.

O mistério contido neste Caminho reside nesta dualidade, ele traz em si um conceito de liberdade que simboliza a conquista de si mesmo e um conceito de obediência que significa a fé no Criativo, num aprendizado infinito e permanente rumo à Integridade, que quando alcançada apresenta sempre novos aspectos a se desenvolver, que antes ainda não se havia percebido.

Neste Caminho aprende-se que "a liberdade não é um prêmio, é uma sanção.[21] Que há de vir".[22]

[21]Sanção é um termo que vincula-se a um processo coletivo de deliberação e aprovação das leis. Remete ao Direito como fruto de uma época, em que o tempo chegou!
[22]Mário de Andrade.

23. Inteligência Estável

A Inteligência é a causa da consciência.

DESCRIÇÃO: Ensina que os eventos são tecidos por nós e por muitas outras pessoas e que é preciso confiança em si mesmo para não decidir e para renascer trazendo consigo as sementes de um novo tempo. Outros nomes: Caminho das Conseqüências ou Caminho da Alquimia.

MENSAGEM: A experiência aqui é a da tomada de consciência de que não se tem o controle da vida. Os fios que tecem a nossa história passam pelas nossas mãos e se misturam com outras histórias, o que vai exigir capacidade de lógica e uma verdadeira fé.

INTELIGÊNCIA DO CAMINHO: Estável, porque à medida que se aprende a confiar no Criativo, se aprende que *a não-ação* significa agir com base em convicções mais profundas, que simbolizam a presença de D'us em sua vida, e também agir com base em uma rigorosa capacidade de análise.

MEDITAÇÃO DO CAMINHO: Criativo, Luz de minha consciência e de minha mente, Tu és a causa da Vida, preenche-me com a Tua presença, para que eu possa entender os caminhos, perceber a Tua voz em mim e em todos à minha volta, e no cotidiano aprender que cada um de nós emerge do outro e que somos produtores e produto de uma complexa situação social, que precisa ser percebida e compreendida.

IDÉIA-CHAVE: Confiança

TEXTO EXPLICATIVO: Este também é chamado de Caminho das Conseqüências, pois aqui se aprende que é preciso sempre refletir sobre as decisões a tomar, a partir de um quadro referencial mais amplo, uma vez que nem todas as conseqüências podem ser previstas. Na imensa maioria das vezes a colheita tem a natureza das sementes e algumas não foram por nós plantadas.

O caminhante aqui também é chamado de voluntário, pois ele se transforma em benefício de um bem maior. O que ele precisa saber é que tudo isto vai passar e ele sairá revigorado deste caminho se aprender a ouvir o mais profundo de si mesmo; se aprender as palavras mágicas que libertam e que ele jamais poderá revelar, a não ser por parábolas, pois o mistério não pode ser desvelado.

Este Caminho também é chamado de Caminho da Alquimia, e aqui a pessoa chora o passado perdido; mas é o momento também de perceber que existem desígnios na própria vida que, para serem realizados, exigem a compreensão da importância deste momento, de submissão, de dedicação, de investimento, de transformações e de cortes.

Às vezes o viajante tem a sensação de que tudo será em vão, ele é invadido pelo medo nestes momentos, mas se aprender a renovar a paciência e aprender a esperar, poderá emergir logo em seguida, sorrindo e trazendo os feixes da situação conturbada.

O Caminho Estável é a causa da consciência, simboliza o acúmulo de conhecimento, que precisa ser aplicado na prática, abrindo a chance para que o aprendizado seja contínuo. É um momento de revisão de valores para todos.

Mas o que significa dizer que o "aprender" é a causa do espírito? Significa que no princípio era o verbo e que uma potência criadora, incorporada em todo o universo, progressivamente veio se manifestando como inteligências de criação da vida. Significa que no princípio a inteligência era ecológica.

O Rabi Joshua, que ensinava por parábolas, perguntava aos adeptos:

— Mas o que significa dizer que a inteligência é a causa do espírito?

A resposta de Nantes, um dos monges, revela a maravilha das maravilhas:

— Significa que no início a criação é ecológica e a inteligência cria a carne e, na etapa seguinte, numa espiral evolutiva, a matéria cria a inteligência. Significa que é preciso uma força interna muito bem estruturada para poder liderar-se e comprometer-se com o que há de melhor dentro de si, chamado Perfeição, e que em algumas tradições chamam de Criativo. É isto que significa: "Tire a sandália dos pés, porque a terra em que pisas é terra santa." A inteligência é o templo da consciência, a câmara nupcial onde nasce o espírito todos os dias, estimulando emergir outros seres mais humanizados.

24. Inteligência Imaginativa

A Inteligência faz ver a semelhança entre todas as coisas.

DESCRIÇÃO: Ensina a aprender com as novas circunstâncias e aponta o caminho na noite mais densa. Outros nomes: Caminho da Negociação ou Caminho do Planejamento.

MENSAGEM: A experiência aqui convoca a não seguir de qualquer maneira, pois a pessoa precisa aproximar todas as frentes em que atua, e preparar-se para que nenhum aspecto de sua vida seja esquecido, pois as mudanças serão abrangentes e o salto é conjunto!

INTELIGÊNCIA DO CAMINHO: Imaginativa, porque supera o conhecimento e trabalha com a fé.

MEDITAÇÃO DO CAMINHO: Luz Amada, preenche com a Tua semelhança tudo e todos neste caminho que estou percorrendo, Tu és a causa da vida no mundo. Dissipa o mal e que o bem surja trazendo novas idéias.

IDÉIA-CHAVE: Alquimia

TEXTO EXPLICATIVO: O Caminho da Inteligência Imaginativa é o das grandes transformações. Ele é árduo e solitário, embora esteja inserido em um contexto maior. Quando tudo muda, as paisagens à volta começam a se transformar e a pessoa fica totalmente vulnerável. Por esta razão é o momento de se proteger, de se fortalecer, de cuidar do corpo. Aqui o viajante vai descobrir que há um tesouro oculto em si mesmo.

Há um momento na vida em que percebemos que um ciclo está terminando. Sabemos que posturas antigas terão que dar lugar a outras posturas e que outras circunstâncias vão ocorrer, e nada será igual a antes. É a experiência do término, da conclusão, da perda, quando é fundamental aprender a abrir mão de valores, de crenças, porque a bagagem já não corresponde mais ao que é necessário. A única saída é aprender e aprender. Um novo ciclo terá início, mesmo sem saber ainda a direção a tomar.

É o momento em que a pessoa tem a sensação de que muitas coisas novas a esperam e que é muito importante preparar-se para este futuro próximo. Por este motivo chama-se o Caminho da Negociação, pois em várias escalas muitas ações deverão ser feitas para que a pessoa reúna as novas condições para o salto que está por vir.

Neste Caminho os mestres ensinavam a desenvolver a tolerância com as limitações dos outros e a aprender a negociar consigo mesmo. É fundamental pensar nas condições em que se vai atuar em cada oportunidade que surgir, na relação com as pessoas próximas, no trabalho, na vida, enfim. Este Caminho ensina a aprofundar o elemento racional, sem esquecermos o lado afetivo.

Em algumas tradições mais recentes chamou-se este Caminho de o Caminho do Planejamento, pois que aqui a capacidade da lógica e racionalização serão fundamentais para que se possa atravessar as grandes águas. Nada pode ser feito ao acaso, nada pode ser dito ao acaso e deve-se buscar o domínio sobre os pensamentos, para que se construa uma nova relação com as pessoas, com o contexto, consigo mesmo.

Este é um momento em que a pessoa já não é o que era e não é ainda o que será, mas está num espaço e num tempo mágico em que precisará negociar com aspectos de sua personalidade que deverão ser reconhecidos e respeitados, para cederem lugar a um novo conjunto de características. Aqui o caminhante não pode agir de qualquer maneira, nem pode sair apressado, pois que o Caminho da Negociação passa pelo amor e pelo rigor.

É um momento extremamente rico em descobertas, e a pessoa percebe, durante o processo progressivo de aprendizagem e de crescimento espiritual e material, que "residem juntamente no seu peito um demônio que ruge e um Deus que chora"[23], num dos mais profundos mistérios do caminho, na tenebrosa e delicada transformação de um, no doloroso parto do nascimento do outro.

---

[23]Dualismo de Olavo Bilac.

Sabe-se ainda muito pouco sobre este Caminho, no entanto, podemos aprender alguns dos mistérios nele contidos, aprofundar o conhecimento sobre nós mesmos e seguir adiante entendendo melhor a terra em que habitamos, o terreno em que pisamos, o corpo e a alma, no eterno mistério de nascer todos os dias, anônimos em meio à multidão.

Aprender é aprender a aprender, o que significa ser tolerante, aberto às novas idéias e ser capaz de abandonar antigas posturas; é socializar-se em ciclos progressivos e interativos, dialogando e conceituando, com humildade para não deixar de absorver a melhor parte, com generosidade, e por sua vez também repartindo e participando. Aqui aprendemos que, se estivermos dormindo ou acordados, a semente germina e não sabemos como nascemos de mais esse caminho, que contém um misterioso símbolo *imaginado* por D'us para ensinar aos humanos: a semelhança.

25. Inteligência da Tentação

A Inteligência concede a tentação.

DESCRIÇÃO: Desenvolve a humildade para que possamos reconhecer os erros e aprender com eles. Outros nomes: Caminho do Entendimento, Caminho do Compromisso ou Caminho do Amadurecimento.

MENSAGEM: O Caminho tem um enfoque, uma linguagem que fala do aprendizado, da necessidade de passar pelas provas, buscando ver as questões a partir de um outro ângulo, a partir do qual não cabem vaidades ou superioridades. Este Caminho também é conhecido como Caminho do Entendimento, onde as provas serão submetidas.

INTELIGÊNCIA DO CAMINHO: Tentação, porque só o Filho Pródigo é capaz de afirmar que crê como um convidado e não como um intruso.

MEDITAÇÃO DO CAMINHO: D'us Amado, na provação e na tentação, que a Tua presença me preencha com a Tua luz e com a Tua sabedoria. Concede-me a graça do perdão.

IDÉIA-CHAVE: Aprender

TEXTO EXPLICATIVO: Mas o que significa o Caminho do Amadurecimento? O discípulo amado ensinava, repetindo o mestre, que o Caminho do Amadurecimento é semelhante a alguém que "plantou uma figueira em sua vinha e durante três anos foi buscar fruto nesta figueira e não o encontrou. Quando ia cortá-la, o viticultor pediu que a deixasse, que ele cavaria em redor e lhe colocaria adubo, acreditando que com isso ela daria frutos. Caso falhasse, o dono da vinha poderia cortá-la". (Lucas 6-9)

No Caminho da Tentação iremos nos deparar com sentimentos como raiva, tensão, e teremos que aprender a lidar com o descontrole emocional, pois as situações conturbam o nosso raciocínio e quase perdemos a visão da obra que precisa ser realizada.

Quando estamos neste Caminho é porque a paciência e a tolerância devem ser redobradas, para alcançarmos os frutos. Este Caminho também é chamado de Caminho do Compromisso com as pessoas e consigo mesmo, no sentido de aprender a conduzir com harmonia as questões e, no sentido de comprometer-se com o que faz, a tudo fazendo com base na firmeza e na delicadeza. Aqui o importante é não separar-se dos objetivos traçados e dar ênfase ao processo, para que os resultados aconteçam e espelhem o melhor da obra.

Existem momentos em que a pessoa tem que buscar observar a si mesma e também enxergar a situação de um ponto fora do contexto em que os fatos ocorrem. Não será algo fácil e, na maioria das vezes, quando conseguimos um certo distanciamento é porque nos sentimos superiores àquelas pessoas e nos distanciamos para nos proteger delas. Não é deste distanciamento que a Inteligência da Tentação fala, mas sim de uma capacidade de autonomia e independência que ajuda a usar os obstáculos como estratégias de ação.

Aqui neste Caminho aprendemos a ver o próprio erro e o que poderíamos ter feito para superar as questões e realizar a nossa tarefa. Se outro errou, caberá a ele ou a ela rever a sua posição.

Firmeza, coragem, delicadeza e leveza serão necessários na bagagem quando se transitar por este Caminho.

Na verdade, a cultura prepara óculos diferentes para cada um, mas embora o fator cultural seja preponderante na vida da pessoa, determinando na maioria das vezes os seus gostos, ela precisa dar o passo além e aprender. Cabe à pessoa buscar ampliar seu campo de visão, sua forma de pensar, para desenvolver-se plenamente como ser um homem ou uma mulher de visão ampla e utilizar os eventos a favor do projeto que tem em suas mãos.

Sempre é possível ver a tudo com outros olhos e aprender com o erro, dispondo-se a pensar em novas formas de ação, mais inteligentes no desenvolvimento das situações. Quando temos a humildade de pedir orientação ao Criativo e atuamos com fé, então uma nova força se desenvolve e, neste momento, encontramos a solução, que pode trazer melhores resultados do que desejávamos. A construção que emerge utiliza as mesmas pedras, mas tem uma engenharia totalmente diferente, que incorpora a arte do espírito.

O Rabi de Nazaré certa vez disse: "Quem conhece tudo, mas está desprovido em si, está absolutamente desprovido." (Tomé 67)[24]

A Inteligência da Tentação prepara o amadurecimento numa reflexão franca consigo mesmo, para se estabelecer até onde podemos ir a cada momento e o que estamos ganhando ao substituir com delicadeza, mas com firmeza, crenças, significados e valores que nos mobilizaram até este momento, mas que agora precisam ser renovados em nome da aquisição de um espírito mais livre e mais capaz de progredir em conjunto.

[24]Evangelho de Tomé, *As sentenças ocultas de Jesus.*

26. Inteligência Renovadora

A Inteligência renova a criação do mundo.

DESCRIÇÃO: Ajuda a visualizar as oportunidades. Também conhecida como Caminho da Humildade ou Caminho do Aprendiz.

MENSAGEM: Este Caminho ensina que tudo à nossa volta é passageiro, tanto as alegrias como as tristezas, então não devemos nos apegar a nada. Quando estivermos alegres, devemos agradecer a alegria aos anjos, mas não esquecer dos momentos em que estivemos tristes, para que o nosso contentamento seja na medida certa e de forma delicada integre-se a nossa vida, tornando-nos mais humanos. Quando estivermos tristes, devemos confiar que tudo haverá de passar, que tudo será resolvido a seu tempo.

INTELIGÊNCIA DO CAMINHO: Renovadora, porque a vida se renova a cada dia e tudo ganha uma nova oportunidade.

MEDITAÇÃO DO CAMINHO: D'us Amado, preenche-me com a Tua luz e com a Tua sabedoria. Deixa-me ser aprendiz dos teus ensinamentos e dá-me humildade para que a Tua presença me renove por inteiro.

IDÉIA-CHAVE: Oportunidade

TEXTO EXPLICATIVO: Não tem sido fácil chegar e, na grande maioria das vezes, sair exige uma grande força e é preciso desenvolver um preparo psicológico na mesma medida e intensidade com que desejamos encontrar a saída. Por este motivo o ensinamento compreende o Caminho da Humildade, também chamado de Caminho do Aprendiz.

Michel Serres[25], em seu livro *Filosofia mestiça*, descreve o processo de aprendizado como a travessia de um grande rio no qual a transformação vai ocorrendo nas descobertas e nos enfrentamentos da busca pela outra margem. A verdadeira passagem ocorre no meio, as referências se desvanecem e aquele que atravessa aprende certamente um segundo mundo, aquele para o qual se dirige, onde se fala outra língua. Mas ele se torna um aprendiz, transformado, porque se inicia sobretudo num terceiro, pelo qual transita.[26]

O verbo transitar traz em si o sentido de passagem, de ser estrangeiro em terras estranhas.

---

[25]Serres, Michel. *Filosofia mestiça*, tradução de Maria Inês Duque Estrada. Rio de Janeiro: Nova Fronteira, 1993.
[26]Idem.

Michel Serres diz que o aprendiz torna-se outro, alguém que deverá lentamente reconhecer como sendo ele próprio transformado. Para ele, o aprendiz "não (...) apenas mudou de margem, de linguagem, de costumes, de gênero, de espécie; também conheceu o traço de união: homem-rã. O primeiro animal desfruta de um domínio, o segundo bicho também, mas o estranho vivente que um dia entrou no rio que corre dentro do rio visível, e que teve que se adaptar, sob pena de morte, às suas águas extravagantes, abandonou qualquer domínio".[27]

Neste Caminho a pessoa aprende a ter mais força, sem perder a sua sensibilidade e passa a aceitar melhor as pessoas como elas são. A ausência de palavras carinhosas, de flores, de reconhecimento, de um olhar de agradecimento, não incomoda mais, porque a vida nos enaltece todo dia com o seu espetáculo de renascimento da noite mais tenebrosa para despertar em um novo dia com rara beleza.

Amigos chegarão e amores também e não devemos ficar nos lamentando, nem repetindo e repassando o nosso sofrimento. Devemos antes escolher uma hora do dia e fazer o nosso ritual de agradecimento a D'us, por nos emprestar a Sua fé e generosidade, para que possamos resolver os problemas. Devemos pedir clareza para que nossas ações sejam inteligentes e para que saibamos discernir o bem do mal e ter a paciência e a humildade necessárias aos tempos difíceis.

---

[27] Idem.

Certa vez um estudante da Cabala de Nazaré perguntou ao Rabi qual o significado de habitar em todos os lugares e ele lembrou o ensinamento do Profeta Isaías:

> *Alarga o espaço da tua tenda, estende as cortinas das tuas moradas, não te detenhas, alonga as cordas, reforça as estacas, pois hás de transbordar para a esquerda e para a direita, a sua descendência se apoderará de outras terras e repovoará cidades abandonadas. (Isaías 54:2)*

O aprendiz transita, passa, mas não é um nômade, apenas a sua casa e o seu templo estão em seu coração e ele aprende a habitar em todos os lugares, porque está incorporando mais uma semelhança com o Amado.

27. Inteligência do Movimento

A Inteligência cria o espírito e o movimento.

DESCRIÇÃO: Inteligência do grupo que surge no trabalho conjunto e reforça a subjetividade de cada um, fazendo chegar a brilhantes soluções e criando os melhores resultados. Outras denominações: Caminho da Grande Mudança ou Caminho do Trabalhador.

MENSAGEM: É necessário que cada pessoa desenvolva uma visão de conjunto e atue a partir de novos valores de relacionamento, encarnados em tudo o que fizer, desde suas tarefas mais simples, em casa, no trabalho, até na gestão de empreendimentos sociais.

INTELIGÊNCIA DO CAMINHO: Movimento, porque liberta a luz e incentiva a reconstrução.

MEDITAÇÃO DO CAMINHO: Luz e bênção que sustenta a vida, cria em mim um coração e um espírito novos, inspira-me no meu trabalho, para que eu possa entender o conjunto de tudo e realizar a Tua vontade, percebendo as ações que o Teu movimento exige.

IDÉIA-CHAVE: Luz

TEXTO EXPLICATIVO: Este é o Caminho do Trabalhador, do trabalho e do empreendimento e o seu diferencial é que neste Caminho se aprende sobre o valor do trabalho para a dignidade da pessoa humana e para a saúde social da comunidade.

Aqui a pessoa entende que é na intimidade da vida em comum que se pode aprender, que se sofre e que se reconstrói a vida, que pode adquirir um novo significado, mais rico, mais pleno, mais inteiro.

É possível retomar os valores essenciais do ser humano, a simplicidade de viver e compartilhar com outras pessoas? É possível um ambiente social com mais humanidade, cooperativo, onde se compartilha conhecimento e experiências; uma organização mais alegre, flexível por ser solidária, fazendo a diferença, para o enriquecimento geral de todos?

A compreensão aqui é que precisamos de novos conceitos para reforçar a importância dos relacionamentos, pois todo trabalho exige uma troca e compartilhamento de idéias. Mesmo quando a pessoa trabalha sozinha, ela o faz para prestar algum serviço ou ofertar algum produto e surge uma relação que abarca o conhecimento de muitas pessoas. Nenhum sistema, nada é isolado.

Cada pessoa possui uma luz, que o fará despontar e que o acompanhará em todos os momentos de sua vida, uma luz debaixo do velador, que precisa ser evidenciada, para que se possa reconstruir por caminhos já trilhados. É isto que significa vida em sociedade, cada um iluminando o que faz e contribuindo com a sua parte para iluminar o todo.

Cada um recebe esta luz na carne e em espírito e a vida é este espectro de luzes, onde sucessivamente cada um encarna sua missão.

A Inteligência do Movimento é aquela que revela o quanto a aprendizagem é conjunta, pois as pessoas aprendem a bondade ou a maldade na relação que travam umas com as outras. Elas desenvolvem-se através das gerações e na interação entre todos surge uma vocação que faz florescer a vida em conjunto e que pode pelo acúmulo das ações generosas e amorosas fazer surgir uma sociedade mais humana.

Oculta em cada um, a luz está entre os homens e as mulheres e o Rabi sempre ensinava que uma das portas deste Reino é o Caminho do Autoconhecimento, que gera riqueza e abundância para a comunidade e que dá movimento a todas as coisas, e faz surgir o novo, que estava ali e não era visto, porque não era chegado o tempo da desconstrução e da reconstrução.

O Caminho do Movimento coloca a luz no velador e com isso cria o espírito da sociedade e a agita para inovar com novas relações, criando a Terra e o humano ciclo após ciclo. Que seja uma criação para o bem e para a paz!

28. Inteligência Natural

A Inteligência chega à perfeição.

DESCRIÇÃO: Inteligência individual. É a luz que ilumina o grupo, a estrela guia que mantém acesa a chama da vida em sociedade. Outras denominações: Caminho da Saída, Caminho da Organização.

MENSAGEM: Nosso corpo é uma herança de nossos antepassados, bem como nossas emoções, e um dia nos defrontaremos com o enigma que viemos resolver. Seja hoje ou amanhã, teremos que encontrar ou criar as condições para resolver e assim iluminar o Caminho dos Antepassados, em agradecimento. Nossa missão não foi criada por nós, mas recebida como um projeto que progressivamente é trabalhado por muitas pessoas, que vêm e vão. Hoje está conosco, adiante teremos que passar o bastão.

INTELIGÊNCIA DO CAMINHO: Natural, porque a verdadeira semelhança com o Criativo está em cada homem, em cada mulher e em tudo na vida.

MEDITAÇÃO DO CAMINHO: Amado de meu coração, obrigado porque manténs a grandeza da Tua presença neste Caminho, dou-Te graças por me concederes a Tua luz, sol que ilumina, que vem em meu auxílio e me resgata com vida.

IDÉIA-CHAVE: Estrela guia

TEXTO EXPLICATIVO: Este é o Caminho da Saída, onde a saída se faz vivendo, deixando que a fé construa as portas e o trabalho prepare os futuros caminhos e a luz da consciência se faça. O Caminho possui o seguinte ensinamento: segue adiante como se nada tivesse acontecido, cuidando de seus afazeres, de sua alimentação, de seu corpo, de suas emoções. Trabalhe, divirta-se, que a luz está surgindo em sua consciência e você encontrará as respostas, as soluções criativas e construtivas, porque esta luz existe dentro de você, em sua mente, para iluminar o seu caminho, distribuindo-se também a todos que estão no seu entorno.

O Caminho da Organização é o caminho do feminino e do masculino, ou seja, da unidade, das soluções mais abrangentes, porque incorpora a melhor estratégia e as ações mais potentes. Alguns mestres sublinham que ele surge do Caminho da Crise, evidenciando nossa semelhança com o sistema cósmico da Terra, onde depois da profunda noite, raia o sol pela manhã.

Um velho Rabi narrava em parábolas um ensinamento do Caminho da Organização:

— O que significam as doenças, as misérias, as guerras? Significam o resultado da atividade egoísta da espécie humana. Significa que D'us deu ao homem e à mulher a sua inteligência, mas muitas vezes esta inteligência é usada para o mal, o que causa grande desapontamento a Ele. Quando o ser humano age desta forma, não há o casamento entre o espírito e a matéria, e acaba criando o lado sombrio da vida.

A Inteligência ressalta a Glória do Criativo na Terra e que os humanos, juntos, podem encontrar a saída para os problemas. Significa que o Reino dos Céus é semelhante a um Rei que festejou a boda do seu filho, chamou os convidados para a ceia e, como estes não estivessem preparados, mandou chamar a todos os que os servos encontrassem pelo caminho.

O Rabi sublinhava que a solução dada pelo Rei foi mais abrangente do que a original, ressaltando que em meio ao conflito, à decepção, surge uma luz que ilumina longe, que evidencia o que antes não se via e que dá corpo a novas soluções, porque uma nova organização emergiu.

29. Inteligência Corporal

A Inteligência forma o corpo.

DESCRIÇÃO: Inteligência que ensina a cuidar do corpo e a expandir as idéias. Outra denominação: Caminho da Crise.

MENSAGEM: Neste Caminho a pessoa precisa desenvolver sua capacidade de lógica, pois estará sob influências que a levam a interpretar de forma incorreta os eventos, como se sua consciência estivesse cerrada por véus, os quais terá que desvelar para compreender a natureza de tudo e organizar a vida da melhor forma.

INTELIGÊNCIA DO CAMINHO: Corporal, porque o humano tem em si mesmo tudo o que precisa para responder aos enigmas do Caminho. Tem em seu corpo o céu e a terra; o bem e o mal; o profano e o sagrado.

MEDITAÇÃO DO CAMINHO: Amado de meu coração, ganhei um corpo, uma pele, sonhos, fardos, grandezas e limitações, tudo estava comigo quando nasci, herança que recebi de meus antepassados, ajuda-me a ser eu mesmo, para que eu possa, com o conhecimento que adquirir, contribuir para uma sociedade mais solidária entre os homens e as mulheres e agradecer ao "sim" que me deram aqueles que vieram antes de mim. Que as Tuas bênçãos derramem-se sobre todos nós, ontem, hoje, amanhã e sempre.

IDÉIA-CHAVE: Idéias

TEXTO EXPLICATIVO: Este Caminho é conhecido como Caminho da Crise, pois em meio ao conflito, à falta de orientação, a pessoa tem que desenvolver a sua mente lógica e ordenar seus pensamentos, para que possa encontrar a saída.

Ao cruzar por este Caminho, o ser humano precisa manter as idéias organizadas, porque está vivendo um momento no qual sua natureza avassaladora está em ação, fazendo-a correr o risco de cometer erros, por uma análise sem fundamentos, com deduções sem uma base lógica.

Portanto, ao cruzar por aqui, cada um deve pressentir a grandeza desses estados, por onde outras pessoas já passaram e encontraram a saída. O importante é manter a mente atenta às questões lógicas.

Este também é o Caminho do Artista, pois aqui a imaginação leva à expressão mais sutil das artes. Também denominavam-no de Caminho Oculto, à semelhança do sétimo

Caminho, no qual a inteligência de D'us é a luz que concede o poder da compreensão.

Estas relações traçadas nos mostram que a pessoa vai resolver os problemas, vai sair vitoriosa deste momento, desde que adquira a necessária compreensão de que tudo é uma ilusão, e que ela não está enxergando corretamente as questões. Se faltam dados ao viajante e uma base lógica, é necessário então dominar a mente, para que a imaginação não o faça atravessar a fronteira da dor.

Há um ensinamento sobre este Caminho que diz: a partir das experiências aqui vividas, a pessoa desenvolve seu ser, e progressivamente fortalece o seu espírito. O conselho é organizar as idéias, arrumar as gavetas, os armários, livrar-se do supérfluo, ler mais, andar mais a pé, ajudar o próximo e seguir adiante, imaginando menos, mantendo os pensamentos fixos no que tem à frente, no que está fazendo, porque o conflito vai passar e amigos chegarão.

30. Inteligência Coletiva

A Inteligência é coletiva.

DESCRIÇÃO: Inteligência coletiva que é o advento do novo tempo. Outros nomes: Caminho da Serpente Evolutiva, Caminho da Revelação, Caminho da Serpente do Arco-íris.

MENSAGEM: Aqui é o Caminho da Revelação, da nova consciência, do salto na vida.

INTELIGÊNCIA DO CAMINHO: Coletiva, porque é em sociedade que a luz se faz, é na vida que a consciência se eleva e se engrandece, com todos os homens e mulheres.

MEDITAÇÃO DO CAMINHO: Amado, agradeço tudo na minha vida, porque sei que sempre estás comigo, mas Te peço não Te delongues, luta em meu favor, me protege com o Teu escudo e me resgata com vida, pois Tu estás comigo, me chama pelo meu nome e eu não temerei. Ao meu lado está

Aquele que me defende, a minha consciência se aclara com Tua luz e em Tua companhia eu salto por entre os abismos e resolvo as questões de forma criativa e construtiva. D'us está no Seu santo templo, cale-se diante Dele toda a Terra.

IDÉIA-CHAVE: Entendimento

TEXTO EXPLICATIVO: O Caminho reúne tudo o que foi, o que é e o que será, numa profusão de forças onde nada é definitivo. Aqui neste Caminho está escrito que não há um destino avassalador que você terá que cumprir, mas sim um determinismo temporal, no qual você usa a Inteligência como instrumento para alavancar novas experiências e dar o salto de consciência de que necessita, aprendendo progressivamente a ousar e a crer no inesperado.

Alguns mestres associam este Caminho a um certificado de garantia de D'us aos humanos, pois, segundo eles, todos trazem em si a chama da perfeição, da semelhança com D'us, a força da evolução permanente.

Este Caminho simboliza o advento da mudança, da aquisição de um novo nível de entendimento, significa que a pessoa adquiriu uma nova mentalidade e que em razão disto ela vai influenciar a vida das pessoas que lhe são intimamente ligadas, pois a mudança é ampla em profundidade e em extensão e a Inteligência é Coletiva. A transformação se opera em escala, a nova consciência germina e até hoje não se sabe como nasce este espírito.

Místicos mais recentes denominavam-no de Caminho da Serpente Evolutiva ou Caminho da Serpente Arco-íris, sublinhando mais o processo do que os resultados do Caminho, que no fim nada mais são do que restos mortais que ficam para trás, porque a revelação para um novo nível de consciência é permanente, progressiva, gradualista e duradoura.

Não é no seu fim... que a coisa se esgota, mas em sua execução. O resultado, tampouco, é o todo efetivo, e só o é quando tomado com o seu vir-a-ser; o fim por si é o universal sem vida, assim com a tendência não passa de um impulso que ainda carece de efetividade, e o resultado nu é o cadáver que a tendência deixou atrás de si.[28]

Certa vez os discípulos, estudando sobre este Caminho, lembraram da parábola que lhes ensinou o Rabi de Nazaré:

— Mas o que significa não ficar preso aos resultados? Significa que quando se houver feito tudo que é preciso, deve-se dizer: somos servos inúteis.

— Mas o que significa ser um servo útil? Significa não dormir em cima dos louros, significa trabalhar em direção a uma nova consciência menos individual e mais coletiva, significa enfim empreender o movimento em direção a novas ações, novos nomes, nova mentalidade, porque os nomes variam na escala de A a Z.

Significa que homens e mulheres têm muito que mudar, muito que aprender, porque a semelhança com D'us é um processo e não um resultado.

---

[28]O resultado é inseparável do processo que a ele conduz. *Fenomenologia do espírito*. Prefácio (1ª parte) *in* Hegel, *Textos escolhidos*, de Roland Corbisier. Rio de Janeiro: Civilização Brasileira, 1991.

31. Inteligência Perpétua

A Inteligência regulariza o movimento.

DESCRIÇÃO: Ajuda a preparar o novo tempo. Caminho da Responsabilidade.

MENSAGEM: Este é o Caminho da Responsabilidade no qual cada um se dá conta da semelhança.

INTELIGÊNCIA DO CAMINHO: Perpétua, porque não se gasta, não se perde, não se abala e que até na lama e no caos se faz em Unidade, perpetuamente.

MEDITAÇÃO DO CAMINHO: Eu tenho em mim a semelhança com o Criativo, tenho em mim a Tua perfeição, por este motivo progressivamente e perpetuamente todo o meu ser se restabelece e se desaltera no mar de Tuas benignidades. Dá-me a Tua inspiração para que eu atue a partir da Tua palavra em meu coração.

IDÉIA-CHAVE: Renascimento

TEXTO EXPLICATIVO: Este é o Caminho de uma nova história e a experiência deste Caminho conclama a sempre estarmos atentos ao que podemos realizar junto às pessoas, qual a nossa função no grupo, o que estamos deixando de fazer? A cada minuto este Caminho nos lembra que a criatividade mora entre nós e que temos a responsabilidade junto ao outro de realizarmos alguma tarefa. Jamais atuamos sozinhos, mesmo quando pensamos que vivemos uma vida de ermitão.

Seu símbolo é o trabalho e a atividade laboral que se desenvolve na interação, guarda uma íntima relação com o mito da queda do Paraíso, associando o trabalho a uma era de aquisição de consciência e poder. Por meio do trabalho a pessoa cresce e se desenvolve na relação com o outro e consigo mesmo. O trabalho é o elo de compromisso, provavelmente a peça da corrente, que faz de cada um de nós responsável por atuar, por fazer, por educar, por aprender, por viver e por amar; nos torna responsáveis por receber e também, por nossa vez, distribuir a riqueza que dá dignidade aos homens e mulheres de uma sociedade.

A Inteligência Perpétua é também conhecida como Inteligência da Responsabilidade, pois a pessoa deve encontrar a cadência correta de realização das ações e descobrir que existe uma seqüência de acontecimentos necessários à conclusão de uma história, e desvendar qual é a sua parte, o que é sua responsabilidade fazer. Não pode descuidar, por que os eventos preparam a chegada do novo tempo.

É uma das 32 Inteligências do espírito que vem progressivamente ajudando a construir a vida, mas conclama a pessoa a fazer a sua parte, a ser diligente, a não deixar de lado nenhuma de suas tarefas e sempre se questionar se fez tudo o que deveria fazer, pois a Inteligência Perpétua é intemporal e cabe a cada um de nós sermos um empreendedor responsável, porque há mais que o tempo, no tempo de nossas vidas.[29]

[29]Castells, Manoel *in A sociedade em rede* menciona o tempo intemporal e cria o conceito. Entende-se como um tempo que não está associado a fusos horários, nem relógios, nem passado, nem presente, nem futuro. Um tempo virtual que está além do tempo por nós construído.

32. Inteligência Adjuvante

A Inteligência é adjuvante.

DESCRIÇÃO: Ajuda a refazer os caminhos, construindo trilhas novas nos caminhos já percorridos, porque a vida é um todo na parte. Caminho da Inovação, Caminho de Talentos, Caminho da Cura, ou Inteligência do Perdão.

MENSAGEM: Aqui se aprende que o Criativo está em todos os lugares e que sua presença se nota em tudo à nossa volta e em todos, porque o Caminho da Inovação é o Caminho da Descoberta do que D'us legou aos humanos.

INTELIGÊNCIA DO CAMINHO: Adjuvante, porque aconselha, porque está por perto quando se precisa, quando se chama, mas respeita a cada um e lhe dá o direito de seguir a sua vida como lhe aprouver. Os sábios diziam que quando há um embate de forças, deve-se clamar pela Inteligência Adjuvante, que entra em cena e luta em favor da paz e do amor. Os antigos sábios ensinavam, incorporando a Inteligência Adjuvante:

— Não deixem que o sol se ponha sob a sua ira!

MEDITAÇÃO DO CAMINHO: Amado de meu coração, que a Tua presença me inspire, para que eu possa perscrutar a natureza e descobrir como usar os recursos com sabedoria; para que eu saiba como compartilhar idéias e criar algo novo pela capacidade de ouvir e de falar. Que eu possa junto com cada um inovar, tendo a Tua Inteligência como coadjuvante em tudo o que eu engendrar. Inspira-me para que eu erre menos e, se errar, não me detenha na quebra das minhas promessas, mas que eu seja capaz de perdoar, de pedir perdão, capaz de perdoar a mim mesmo e de seguir e encontrar soluções criativas e construtivas que tragam paz e alegria a muitas pessoas.

IDÉIA-CHAVE: Recomeço

TEXTO EXPLICATIVO: Este é o Caminho da Realização, da conclusão de parte da obra; é a Inteligência que capacita para uma visão de longo alcance, que traz o futuro para o presente, porque faz surgir uma força criativa e realizadora que só o humano é capaz de expressar.

É findo um ciclo de vida e a pessoa recomeça com novas energias para completar mais uma etapa de sua missão. É também a Inteligência que faz rever a vida, os compromissos não realizados, as promessas quebradas, pois quando cada um nasce, tem uma missão, e a não-realização destes objetivos simboliza a quebra de uma promessa.

Aqui neste Caminho a Inteligência impulsiona para o novo, para refazer caminhos, para as novas descobertas, para as soluções que inovam em seus contextos, pois é um Caminho de Talentos, dons e capacidades da espécie humana. Simboliza o salto às estrelas, a possibilidade de transformação, da inovação que traz a mudança, que faz com que a seiva vital circule pela sociedade.

Cada pessoa precisa mergulhar em seus abismos para autoconhecer-se e descobrir os recursos do Caminho da Inovação, que ajuda no impulso para o firmamento, interceptando o futuro. Aqui se descobrem as tecnologias, as ferramentas, os novos processos, os novos métodos, a nova profissão, as novas habilidades e em tudo percebe-se a Inteligência Adjuvante do Criativo, que sempre esteve ali, mas o ser humano não via, porque não sabia.

A Inteligência Adjuvante é também chamada de Caminho da Sabedoria, porque aqui vão se descerrando os véus da inconsciência e homens e mulheres vão juntos descobrindo a existência, através dos ciclos históricos.

Quando se está neste Caminho significa que chegou a hora de colher os frutos, de doar, de descobrir-se como parte de um processo maior, chegou a hora de novas aprendizagens, pois a Inteligência é Adjuvante neste Caminho e é preciso recomeçar, trabalhar muito, pois o Caminho é em direção ao duradouro.

O Rabi ensinava sobre esta Inteligência:

— Onde estiverem dois reunidos, eu ali estarei.

A Inteligência Adjuvante simboliza o próximo ao seu lado, a capacidade de decisão dos homens e das mulheres, seu poder de livre-arbítrio, sendo D'us apenas um coadjuvante, que precisa de um e do outro para manifestar-se como a Inteligência dos gêneros.

Os sábios chamavam a Inteligência Adjuvante de Caminho da Cura, pois simboliza a mais alta iniciação, aquela em que os homens e mulheres reconhecem-se como a serviço de uma Força Maior, e por este motivo trabalham com afinco, fazendo tudo o que tem de ser feito, mas reconhecendo que há uma Inteligência que passa por eles e segue, no seu trabalho de Construtora Adjuvante da Vida.

A Inteligência Adjuvante é intelecto e sentimento, como todas as outras Inteligências, que são também caminhos que D'us doou à humanidade, para que estivéssemos unidos a Ele, ou seja, em sua Companhia, com Ele.

Misteriosamente, há sábios que a chamam de Inteligência do Perdão, porque não se pode construir o novo com a mente fixada no passado. É o difícil caminho de aprender a perdoar-se e a perdoar o próximo e progressivamente incorporar o conhecimento obtido. A Inteligência Adjuvante, como todas as outras, funciona como uma escada a serviço de uma inspiração cada vez maior, com uma única diferença: aqui se aplica o serviço a uma ordem global, pois não trabalhamos para A ou para B, mas somos Adjuvantes em nossa semelhança com Ele.

Abra as Portas....

Trinta e duas são as portas do espírito,
Reino ubíquo[30], inconsútil[31], treva e luz,
Inteiro, pleno, indivisível e absoluto,
Na eterna trindade que reluz;
Revelando-se qual lótus, gerada no constructo.
A essência e o corpo são as partes.
E é desta forma que o Amado se introduz[32]!

Dia e noite se sucedem, o que aprendemos?
O que nos cabe entender a cada hora?
Investir no aprendizado é o que devemos?
Seguir em frente? Recuar do aqui e agora?

Eu não sei e para mim é um mistério,
Que talvez nem me caiba decifrar.
Até que ponto somos parte de um Todo
Fechar portas, abrir portas,

[30]Que está presente em todas as partes.
[31]Sem costura.
[32]Nos esponsais do Espírito.

32 Tipos de Inteligência

Nascer sempre,
Recomeçar a viagem, em qualquer hora ou lugar,
Repetir sempre os caminhos,
Sem de nada suspeitar.

Até que um dia, prestando atenção ao enredo,
Pressinta-se a tênue trama, que se forma no segredo.
E perceba-se com horror ou talvez com alegria
Que somos nós cada dia que ao diabo ou ao Messias,
Damos vida no degredo.
E neste dia terrível, perceber o grande erro,
Pois a carne é um dom sagrado, vestida de meretriz,
Luz por baixo das cascas, delicada imperatriz,
Em cima qual fica embaixo e nada há nada que garanta,
Pisa então com mais cuidado, pois a terra é terra santa.

Regina Moraes — 2003

O Caminho da Flor de Ouro

A escolha se apresenta em sua vida,
Bem estreita é a frágil porta, não lamente.
Cada passo gera sempre outra saída,
Dás a volta e não encontras a guarida
E os indícios se apagaram à sua frente.

Faz teu passo e seja lá pra aonde fores,
Guarda sempre este conselho na memória,
Honra a vida e sê fiel aos teus valores,
Invoca aos céus e tua sorte não deplora.

Já se sabe que em algum ponto da jornada,
Kether[33], a coroa mais brilhante,
Lá deixada por Deus ao viajante,
Marca o início e o fim deste caminho,
Nesta Terra em aparente desalinho.

---

[33]Na imaginação da Cabala, Kether é o Espírito do Amado em nossas vidas, o sopro divino que ninguém sabe de onde vem, e não se sabe para onde vai, mas que faz nascer a matéria.

O mapa que esclarece o teu degredo,
Pode estar na mão suja do mendigo,
Que tem a chave desta fase de citredo[34],
Reclama a Deus tua sorte e teu castigo,
Só neste Todo está a porta do segredo.

Trinta e duas[35] são as lendas do viajante
Uma a uma ele deve procurar.
Vai seguindo e incorporando-as e, nos caminhos,
Xeque-mate! Verá na luta brotar
Zelo e honra, que em futuro não distante,
A flor de ouro, no segredo, há de aflorar.

Não existe neste mundo quem compreenda
Os segredos do Rei sem os viver.
Vida e morte, morte e vida nesta senda
Acontecem quando têm de acontecer.

Encontre o mapa, já é hora de aprender,
Recomece, sem pressa de chegar,
A flor de ouro? É este eterno revelar!

Regina Moraes — 2003

---

[34]Na Alquimia marca a fase da obra em negro.
[35]As 32 Inteligências da Árvore da Vida.

Posfácio

As 32 Inteligências conforme aqui foram sistematizadas formaram os fios que nos conduziram em uma aventura pelo inconsciente coletivo, com o objetivo de mostrar um conhecimento que destaca as forças arquetípicas que atuam no ser pessoal e entre os humanos. Buscamos apresentar as informações de como estas forças atuam em nosso ser e as relações que se travam a partir do seu desconhecimento ou da sua compreensão.

Na aventura proposta através dos 32 tipos de Inteligência, usamos a imaginação da Cabala e partimos do princípio de que sempre estaremos diante de desafios para os quais as Inteligências encerram uma proposta de aprendizagem. O enigma deve ser respondido com a delicadeza de quem busca um conhecimento, para que as virtudes e competências humanas ali confinadas possam ser incorporadas.

Outro ponto de partida foi o desafio da cognição, da reflexão, à luz do conhecimento espiritual, que vai além das religiões, numa lógica neurocerebral que emerge a partir de cada um para resolver problemas pessoais e sociais.

Nesta aventura pelos caminhos do inconsciente coletivo, o livro buscou apresentar que perfazemos uma história de conjunto na sociedade, cujo enredo estamos escrevendo e reescrevendo constantemente. O objetivo foi promover um conhecimento que traz o caminho de uma nova racionalidade, uma nova maneira de ser, de poder, de ter, de relacionar-se, de amar, de viver, de consumir, de comunicar e de aprender.

Os 32 tipos de Inteligência, na imaginação da Cabala, são interpessoais e os eventos são parte de um roteiro relacional maior que merece ser investigado e interpretado a partir de uma lógica que precisa ser desenvolvida à medida que formos nos aventurando pelos caminhos, nos conhecendo melhor e nos reconhecendo na complexidade de nossas Inteligências e interações, que são espirituais e humanas ao mesmo tempo.

Para interpretarmos os 32 tipos de Inteligência foi preciso partir de uma percepção de que a vida é compartilhada e de que é na interação que se encontra a chave do desenvolvimento de mecanismos físicos, biológicos, religiosos, psíquicos, éticos e sociais para a transformação do nosso ser e a transformação da sociedade em que vivemos.

O que intencionamos transmitir neste estudo é que Inteligência e Competência assumem um significado especial, quando em presença de dificuldades. Diante das adversidades percebemos o quanto se fala em aprimorar qualidades como sensibilidade, desenvolvimento pessoal e interpessoal, diálogo, percepção, tolerância, força inerior, intuição. É evidente que podemos buscar contribuições importantes na ciência, na tecnologia; no entanto, a espiritualidade é que é a essência mesma do humano, sua presença única no mundo pode representar uma contribuição decisiva no desenvolvimento de certas competências em nível do *self*, da própria identidade.

Se o livro conseguiu passar a percepção de que a vida é vivida em conjunto e que é em relação com os outros que podemos encontrar a chave para decifrar os enigmas e abrir as portas do reencontro com o nosso eu interior, então ele cumpriu os seus objetivos

A Autora

Regina Moraes é carioca, do bairro de Lins de Vasconcellos. É DSc (Doutora em Ciências) pela Universidade Federal do Rio de Janeiro em Engenharia de Sistemas e Computação (COPPE/UFRJ, 2005), possui mestrado em Ciência da Informação (MCT/IBICT,1999), é pós-graduada em Análise de Sistemas (IBM, 1975) e bacharel em Direito (1970) pela UERJ. Trabalhou na IBM, no SERPRO e no IBGE, neste como Gerente de Metodologias e Normas da Diretoria de Informática, alocada no Departamento de Planejamento e Suporte Técnico. Seus interesses centram-se nas questões da concepção e adoção de ambientes computacionais de aprendizagem e trabalhos colaborativos e na dimensão epistemológica da construção do conhecimento científico e pedagógico. É professora universitária e trabalha no Departamento de Informática da PUC-Rio; no Departamento de Administração da Unicarioca e no Departamento de Ciência da Computação da UniBennett, onde também coordena os Projetos de Extensão em Ciência da Computação. Nos anos mais recentes, a sua investigação está voltada para temas ligados à cognição, bem como ao estudo das implicações das relações interpessoais na formação da pessoa humana.

Este livro foi composto na tipologia Minion,
em corpo 11,5/16, e impresso em papel
off-white 80g/m², no Sistema Cameron da
Divisão Gráfica da Distribuidora Record.